Evers · Das Spielgruppenbuch

W0046378

Magrit Evers

Das Spielgruppenbuch

Beschäftigungen, Spiele und Lieder
für Kinder ab 2 Jahren

Herausgegeben von Peter Thiesen

Beltz Verlag · Weinheim und Basel

Die Deutsche Bibliothek – CIP-Einheitsaufnahme

Evers, Magrit:
Das Spielgruppenbuch : Beschäftigungen, Spiele und Lieder
für Kinder ab 2 Jahren / Magrit Evers. Hrsg. von Peter Thiesen.
[Fotos und Zeichn.: Gerhard Evers]. – Weinheim ; Basel :
Beltz, 1994
  (Beltz Praxis)
  ISBN 3-407-62179-5

Alle Rechte, insbesondere das Recht der Vervielfältigung und Verbreitung sowie
der Übersetzung, vorbehalten. Kein Teil des Werkes darf in irgendeiner Form
(durch Photokopie, Mikrofilm oder ein anderes Verfahren) ohne schriftliche
Genehmigung des Verlages reproduziert oder unter Verwendung elektronischer
Systeme verarbeitet, vervielfältigt oder verbreitet werden.

Lektorat: Richard Grübling

© 1994 Beltz Verlag · Weinheim und Basel
Umschlaggestaltung: Atelier Warminski, Büdingen
Umschlagfoto: Peter Thiesen, Lübeck
Fotos und Zeichnungen: Gerhard Evers, Heilshoop
Notenbearbeitung: Susann Frenzel, Barsinghausen u. Anna Thiesen, Lübeck
Jahreszeitenbilder: Ursula Steen, Zarpen
Satz: Satz- und Reprotechnik GmbH, Hemsbach
Notensatz: Bernd Schröder, Speyer
Druck und buchbinderische Verarbeitung: Druckhaus Beltz, Hemsbach
Herstellung: Erich Rathgeber
Printed in Germany

ISBN 3 407 62 179 5

Inhalt

Grundlagen

Vorwort des Herausgebers

Überall dort, wo Kinder zusammen sind, breitet sich eine ansteckend wirkende Lust aus, etwas zu tun. Schon in den ersten Lebensjahren nehmen Kinder Kontakte mit Gleichaltrigen auf und erproben dabei Formen des sozialen Verhaltens. Das Spielverhalten steht in enger Wechselbeziehung mit der sozialen und materiellen Umwelt des Kindes. Die unruhige Mobilität vieler Familien läßt heutzutage schon Kleinkindern wenig Freiraum für Kindlichkeit, Muße und beschauliches Verweilen. In einer Zeit der zunehmenden Ein-Kind-Familien und Alleinerziehenden, ungünstiger Wohnsituationen, anregungsarmer Umwelten und mehr oder weniger nachbarschaftlicher Isolierung sind Spielkreise und Eltern-Kind-Spielgruppen für Kinder wie für ihre Eltern gleichermaßen von unschätzbarer Bedeutung. Die Kinder haben die Möglichkeit, spielerisch vielfältige Erfahrungen zu sammeln und Spielgefährten zu finden, und Eltern können ihre isolierte Situation durchbrechen und in Austausch mit anderen Eltern treten, die sich in vergleichbaren Situationen befinden.

In den letzten 15 Jahren wurden immer mehr Spielkreise und Eltern- bzw. Mutter-Kind-Spielgruppen eingerichtet, entweder aufgrund von Privatinitiativen der Eltern oder durch Familienbildungsstätten, Mütterschulen, Wohlfahrtsverbände und städtische Jugendämter. In der Regel handelt es sich um Gruppen, in denen sich Eltern mit ihren Kindern im Vorkindergartenalter mit einer Spielleiterin (z. B. Erzieherin oder Kinderpflegerin/sozialpädagogischer Assistentin) zu gemeinsamen Spielangeboten und Beschäftigungen treffen. Die Kinder können hier erste Erfahrungen sammeln und ihre spontane Aktivität im Spiel verwirklichen, ohne dabei die schützende und Sicherheit gewährende Bezugsperson – Mutter/Vater – entbehren zu müssen, zumindest so lange nicht, bis sich die Kinder nach längerer Zeit im Spielkreis eingewöhnt haben. Spielgruppen leisten so einen wichtigen Beitrag zur Sozialisation des Kindes, die gleichzeitig mit dem Prozeß der Ich-Werdung, der Individuation, abläuft.

Wollen wir die intellektuelle, emotionale und körperliche Entfaltung des Kindes fördern, müssen wir für „Spiel-Raum", Spielgefährten, Spielzeug und Spielzeit sorgen, müssen wir dem Vorkindergartenkind vielfältige Anregungen bieten, ohne es mit Reizen zu überfluten. Die Freude des Kleinkindes am Spiel wird durch Bewegung, Nachahmung, Umgang mit Materialien, durch vom Spiel und Basteln ausgehende Spannung und durch Kontakte zu anderen Kindern bestimmt. Magrit Evers, die 1980 eine der ersten privaten Spielgruppen in Schleswig-Holstein gründete, hat aus ihrer langjährigen Erfahrung heraus Hilfen und Angebote entwickelt und zusammengestellt, die den Bedürfnissen von Kleinkindern und den an eine Spielgruppe zu stellenden Anforderungen in umsichtiger und einfühlsamer Weise gerecht werden.

Peter Thiesen

Wir bleiben alle Kinder

Und wird die Welt auch noch so alt,
der Mensch, er bleibt ein Kind!
Zerschlägt sein Spielzeug mit Gewalt,
wie eben Kinder sind!
Wann alles erst in klein zerstückt
und nichts mehr zu verderben,
so sucht er wieder – neu beglückt –
und spielt dann mit den Scherben.

Carl Spitzweg
(1808–1885)

Einleitung

Seit mehr als 10 Jahren spiele ich mit 2- bis 4jährigen Kindern in Eltern-Kind-Gruppen und im Spielkreis. Bei den 2jährigen ist die Mutter mit dabei, die 3- bis 4jährigen kommen ohne Eltern. Die Kinder werden ganz behutsam auf den Kindergarten vorbereitet, indem sie ihre Selbständigkeit und ihr soziales Verhalten in der Gruppe üben. Immer wieder höre ich von Eltern und Erzieherinnen, die Kinder in dieser Altersstufe betreuen, wie schwierig es ist, die Kinder im Malen und Basteln zu beschäftigen. Die meisten Beschäftigungsbücher beziehen sich auf Kinder ab 4 Jahren. Auch für mich war es zu Beginn meiner Tätigkeit schwer, geeignete Themen zu finden; denn nach Möglichkeit sollen die Kinder die Arbeiten allein durchführen, ich will nur Hilfestellung geben, wo sie nicht weiterkommen, und sie sollen Freude an ihrer Beschäftigung haben.

In diesem Buch möchte ich meine langjährigen Erfahrungen weitergeben. Es bleibt bei den Mal- und Bastelvorschlägen nicht aus, daß Eltern oder Erzieherinnen einiges vorbereiten müssen, denn beim Entwerfen und Ausschneiden sind die 2- bis 4jährigen Kinder noch überfordert, das können sie erst ab 5 bis 6 Jahren.

Die Beschäftigungen sind so gewählt, daß sie nach Vorarbeit der Erwachsenen größtenteils 10 bis 15 Minuten dauern. Das ist sehr wichtig bei der Themenauswahl, da die Konzentration der Kinder nicht länger anhält. Im Vordergrund jeder Tätigkeit sollte der Spaß am Experimentieren mit den verschiedenen Materialien stehen.

Um in ein Thema einzuführen, benutze ich Bilderbücher, Geschichten, Finger- oder Puppenspiele, die gleichzeitig Entspannung und Vergnügen bereiten.

Die im Buch erwähnten Bewegungs- und Kreisspiele berücksichtigen den natürlichen Bewegungsdrang der Kinder, den sie vor oder nach ihrer kreativen Betätigung unbedingt ausleben sollten.

1. Die Funktion der Spielgruppe (Eltern-Kind-Gruppe)

Kinder im Alter von 2 bis 4 Jahren brauchen noch eine starke Bindung zur Bezugsperson. Die Gruppe sollte überschaubar und die Teilnehmerzahl begrenzt sein, damit die Erzieherin jedem gerecht werden kann. Die Gruppenstärke bei Eltern-Kind-Gruppen sollte bis zu 10 Kindern, in Spielgruppen ohne Eltern bis zu 12 Kindern betragen.

Kinder bis zu 3 Jahren bedürfen unbedingt noch der Begleitung von Erwachsenen, denn Mutter/Vater im Hintergrund zu wissen gibt ihnen Sicherheit und Schutz. Sie erkennen die Gruppenleiterin noch nicht als volle Bezugsperson an. Zumal die Gruppe sich einmal (höchstens zweimal) in der Woche für 1 bis 2 Stunden trifft.

Sind die Kinder über drei Jahre, so lösen sie sich allmählich von den Eltern, sie wollen sich selbst behaupten und ihren Willen durchsetzen (Trotzalter). Sie sind bereit, Beziehungen zu anderen Erwachsenen aufzunehmen und sich von ihnen im Schmerz trösten zu lassen, ohne gleich nach der Mutter (dem Vater) zu verlangen. Sie erkennen die Erzieherin als Mutterersatz für 2 bis 3 Stunden am Tage an. Für die Spielgruppen sind 2- bis 3malige Treffen in der Woche für 2 bis 3 Stunden optimal. Dieser wöchentliche Rhythmus wird für die Kinder noch nicht zum Streß, sie haben genügend Freizeit, um daheim und mit den Eltern sich auszuspielen, 2- bis 3mal in der Woche die Freude, in den Spielkreis gehen zu können, wo ihnen in jeder Beziehung etwas geboten wird, wo sie vor allem spielerisch kreativ gefördert werden.

Besonders günstig wirkt sich für die 3jährigen ein vorheriger einjähriger Besuch in der Eltern-Kind-Gruppe aus. Die Kinder haben unter der Obhut der Mutter bzw. des Vaters die Räumlichkeiten, das Spiel- und Beschäftigungsmaterial, Spielangebote, Spielgefährten und die Erzieherin kennengelernt und können sich jetzt allein in der Spielgruppe behaupten und entfalten. Sie werden nicht ständig von den Erwachsenen im Spiel beobachtet, sie lernen sich durchzusetzen und mit Schmerz – den ihnen andere Kinder zugefügt haben – fertigzuwerden. Sie machen ihre eigenen sozialen Erfahrungen und haben eigene kleine Geheimnisse, die auch schon in dem Alter für die Entwicklung ihrer Persönlichkeit wichtig sind.

Sind die Kinder über 4 Jahre alt und waren sie 1 bis 2 Jahre im Spielkreis, so reicht ein Spielkreisbesuch von 2 bis 3 Tagen in der Woche nicht mehr aus. Die Kinder sind so selbständig und wißbegierig geworden, daß ihnen jeden Tag etwas geboten werden sollte, sie verlangen danach, in den Kindergarten überzuwechseln. Die Mehrzahl der Kinder, die in der Spielgruppe war, besucht den Kindergarten mit Freude, stürzt sich auf das neue Spielzeug und klammert sich nicht an die Erzieherin, wie so viele Kinder, die zum erstenmal von der Mutter getrennt werden. Meist hat sie schon Spielgefährten aus der Spielgruppenzeit. Die Spielgruppe ist eine ideale Vorbereitung auf den Kindergarten.

2. Das Spiel des Kleinkindes

Im Spiel entwickelt das Kind seine Persönlichkeit und erfährt seine Umwelt. Es läßt seiner Phantasie freien Lauf, es träumt, zaubert und hat immer neue Ideen. Der Einfallsreichtum und die Spontaneität läßt sich ab frühester Kindheit fördern. Schon bei den Säuglingen können wir mit häufigem liebevollem Sprechen und Singen, auch wenn noch keine Antwort kommt, die Phantasie und Sinne anregen. Durch ein vielfältiges Angebot zur Entdeckung der Umwelt läßt sich die Kreativität (kreativ – schöpferisch) beim Spielen des Kleinkindes steigern; z. B. mit Naturmaterialien (Holz, Kastanien, Tannenzapfen, Wolle usw.) sowie mit Schachteln oder Pappkartons. Für das Rollen- und Puppenspiel sollten wir eine Kiste mit alten Sachen bereitstellen, und zum Werken, Basteln und Bauen bieten wir interessantes Material wie Holz, Papier, Stoff, Pappe usw. an. Auch geeignetes Werkzeug darf nicht fehlen.

Beim Spielen des Kleinkindes ist es wichtig, den Tagesrhythmus einzuhalten sowie Hektik und Unregelmäßigkeiten zu vermeiden, damit das Kind sich im Spiel ausleben kann. Spielzeug mit einförmig genormten Elementen und solches, das die Phantasie stark einengt, wie z. B. die unästhetischen Gebilde der Fernsehserien, oder ein Überangebot an Spielsachen blockieren die Kreativität. Ebenfalls stumpft alles, was im Übermaß ist, z. B. zu intensive Düfte wie Kosmetika und Waschmittel, laute, schrille Musik, grelle Farben und überbetonte Formen, die Sinne ab.

Ein Kleinkind braucht nicht viel, sondern sinnvolles Spielzeug, das die Phantasie anregt. Genauso reicht eine kleine Anzahl an Bilderbüchern, Geschichten und Märchen aus. Wichtig ist bei Kleinkindern, daß das Erzählte oder Gezeigte (nicht von der Kassette) sich über einen langen Zeitraum wiederholt.

Wie, womit und mit wem spielt es?

Spielen kann so vieles sein: mit Mutters Kochgeschirr hantieren, Bausteine aufbauen und wieder umwerfen, malen, matschen, kneten, schneiden, zerreißen, aufkleben, herumtollen, kuscheln, hämmern, sägen ... ach, es läßt sich noch vieles aufzählen, was ein Kind im Tagesablauf betreibt. Alles ist wichtig für das Kind, denn Spielen ist Arbeit. Und genauso wie sich ein Erwachsener in der Arbeit ungern stören läßt, sollten wir auch das Spiel des Kindes wichtig nehmen und es in seiner „Arbeit" nicht belästigen oder gar schimpfen und schelten, wenn es in Tränen ausbricht, weil wir sein Spiel unterbrochen haben. Müssen wir seine Tätigkeit beenden, sei es zum Essen, Waschen, Schlafen usw., so sollten wir es rechtzeitig ankündigen und ihm ein paar Minuten zur Besinnung geben. Nur so fügt es sich freiwillig in den Tagesablauf ein. Oder wir beziehen das Spiel des Kindes in den Tagesablauf mit ein, indem das Auto mitißt oder die Puppe mitgewaschen wird.

Aber es gibt auch Augenblicke, wo das Kind das schönste Spielzeug und die besten Spielvorschläge nicht interessieren. Es möchte eine „richtige" Arbeit tun, wie die Großen. Sei es beim Kochen mithelfen, beim Putzen oder in der Werkstatt des Vaters. Sicher werden die Erwachsenen in ihrem Tun eher gestört als unterstützt, aber wir sollten trotzdem bei dem Kind die Freude am Helfenwollen fördern, denn nur so lernt das Kind spielerisch, sich in das Alltagsgeschehen einzufügen und wächst mit seinen Aufgaben.

Eltern sollten Verständnis und innere Anteilnahme am Spiel der Kinder zeigen. Das heißt nicht, das Kind ununterbrochen zu beschäftigen, sondern ihm Ruhe, Raum, das rechte Spielzeug geben, zum Anfang eine kleine Anregung oder Hilfe und sich dann zurückziehen und das Kind sich selbst überlassen; denn so lernt es, sich mit den Spielsachen auseinanderzusetzen und eigene Erfahrungen zu sammeln, die zur Selbständigkeit führen.

Doch sollten wir das Kind während des Spielens sich nicht nur selbst überlassen, auch hier ist, wie in allen Erziehungsfragen, ein ausgewogenes Maß angesagt. So dürfen wir den Wert eines gemeinsamen Spieles wie Fingerspiele, Neckspiele, Kniereiterverse, Geschichten und Märchen erzählen sowie Bilderbücher betrachten nicht übersehen. Auch das gehört zur Entwicklung des Kindes und einer gesunden Eltern-Kind-Beziehung unbedingt dazu.

Während der Säugling bis zum 5. Monat überwiegend mit dem Betasten und Begreifen des eigenen Körpers beschäftigt ist, bevorzugt er mit zunehmenden Alter variationsreichere und funktionalere Dinge.

Zunächst sind es Gummipuppen, Wachstiere, Klappern usw., die er mit dem Mund begreifen kann, später kommen dann Bilderbücher, Duplosteine und Autos hinzu. Doch schon ab dieser Zeit bereitet es den Kindern Freude, mit anderen Kindern zusammenzusein. Sind Geschwisterkinder in der Familie, so lernen sie frühzeitig, sich einzuordnen und auch unterzuordnen, sie erziehen sich gegenseitig; sie lernen, sich zu behaupten. Bei Einzelkindern sollte man Konktakt zu anderen Kindern suchen, denn das gemeinsame Spielen und Auseinandersetzen mit Gleichaltrigen ist unersetzlich fürs ganze Leben und sollte unseren Kindern unter keinen Umständen vorenthalten werden.

Freundschaften bei den 2jährigen werden überwiegend von den Eltern gesteuert, während sich die 3jährigen schon ganz bewußt Spielkameraden aussuchen. Mit zunehmendem Alter wächst die Anzahl der Freunde, die aber auch häufig wieder gewechselt werden.

Die Anzahl der Spielkameraden sollte jedoch überschaubar sein. Eine Faustregel zur Einladung von Geburtstagsgästen im Vorschulalter ist z. B.: So alt wie das Geburtstagskind ist, so viele Gäste werden eingeladen.

Kinder in der Spielgruppe

Der Wert der Spielgruppe ist für Kinder überaus groß:
• Sie machen ihre ersten sozialen Erfahrungen mit Gleichaltrigen, ohne die schützende Hilfe der Eltern entbehren zu müssen.
• Sie lernen spielerisch eine gewisse Selbständigkeit.
• Lieder, Reime und Bilderbuchbetrachtungen erweitern den Wortschatz und vergrößern die Umwelterfahrungen.
• Kreisspiele und Bewegungsspiele kommen dem natürlichen Bewegungsdrang der Kinder entgegen.
• Die unterschiedlichsten Materialien liegen bereit zum Malen, Matschen, Kneten, Kennenlernen und Ausprobieren.
• Zwischenmahlzeiten schmecken noch einmal so gut in fröhlicher Runde.
• Kinder finden Spielgefährten, und Eltern knüpfen Kontakte mit Eltern gleichaltriger Kinder.

Sind keine Eltern-Kind-Gruppen am Ort, so können sich die Eltern mit anderen zusammentun, die Kinder gleichen Alters haben, und ein regelmäßiges Treffen veranstalten.

In fremder Umgebung sammeln die Kinder wieder ganz neue Erfahrungen. Sie müssen das Spielzeug teilen, es wird erforderlich, sich durchzusetzen, wenn ihnen etwas fortgenommen wird. Sie lachen, toben, singen und rangeln gemeinsam mit anderen, das sind fröhliche Momente. Aber es gibt auch traurige Erlebnisse, z. B. wenn man geknufft wird, an den Haaren gezogen oder einem das Spielzeug entrissen wird. Die Kinder sind häufig überfordert, hier eine zufriedenstellende Lösung zu finden, sie müssen erst lernen, sich verbal auseinanderzusetzen. Die Erwachsenen, die im Hintergrund das Spielverhalten der Kinder beobachten, werden veranlaßt, mit viel Mühe, Geduld und Geschick wieder einzulenken. Es stellen sich Fragen: „Wann sollen wir eingreifen? Sollen wir überhaupt eingreifen? Genügt ein Ablenken oder Mitspielen?" Beim genauen Beobachten der Kinder lassen sich die Fragen leichter lösen. Auf keinen Fall sollte man die Kinder in schwierigen Situationen allein lassen nach dem Motto: Der Stärkere siegt!

In der Gruppe spielen die 2jährigen noch nebeneinander her. Sie wechseln sehr schnell ihre Partner, zeigen aber schon Sympathie oder Antipathie anderen Spielgefährten gegenüber. Sie ahmen Eigenheiten anderer Kinder nach und greifen verbale Äußerungen auf. Deshalb sollte der Erzieher besonders positive Begebenheiten hervorheben und loben, negative hingegen nicht soviel beachten und mit ein paar Worten abtun.

Häufig werden auch Freundschaften, die in der Spielgruppe entstanden sind, außerhalb der Gruppe fortgesetzt. Während Treffen außerhalb der Gruppe bei den 2jährigen noch von den Eltern bestimmt werden, besteht bei den 3jährigen vielfach der Wunsch, mit dem Spielgefährten das in der Gruppe begonnene Spiel zu Hause fortzusetzen.

Die Teilnehmerzahl der Spielgruppe richtet sich nach dem Alter der Kinder und der Größe des Raumes. Bei den 2jährigen, die von einem Elternteil begleitet werden, sind 8 bis 10 Kinder in einer Gruppe das Höchstmaß. Bei den 3jährigen, die schon ohne Begleitung in der Gruppe spielen können, sind 12 Kinder die oberste Grenze. Sind die Kinder ein Jahr in der Eltern-Kind-Gruppe gewesen, so kennen sie die Räumlichkeiten und die Erzieherin, und der Wechsel in den Spielkreis ohne Elternbegleitung vollzieht sich ganz problemlos. Es gibt aber immer wieder 3jährige, die sich von ihrer Bezugsperson noch nicht gelöst haben. Hier sollte die Trennung langsam und behutsam vorgenommen werden. Das Kind sollte so lange begleitet werden, bis es Vertrauen zur Spielgruppe und der Erzieherin gefunden hat. Auf kei-

nen Fall sollte das Loslösen mit Zwang oder heimlich geschehen, weil dadurch ein Vertrauensbruch entsteht.
Vorteile für Spielgruppen mit 3jährigen ohne Eltern sind:

– Durch das Lösen von den Eltern wächst das Selbstbewußtsein, und die Selbständigkeit wird gefördert.
– Der Überwechsel in den Kindergarten vollzieht sich ganz reibungslos, es gibt keinen Trennungsschmerz.
– Das Kind lernt, sich allein zu behaupten und durchzusetzen.

3. Spiel- und Beschäftigungsformen

Krabbel-, Kitzel- und Fingerspiele

Das gemeinsame Spielen und Erleben mit den Eltern läßt das Kind die innere Verbundenheit freudig empfinden. Es stärkt das Vertrauen zu ihnen und damit das Gefühl der Geborgenheit. Erwachsene frischen ihre Verse und Lieder aus der Kindheit wieder auf und vermitteln sie im gemeinsamen Tun ihren Kindern. Dabei kommt Freude auf, und das Verständnis der Eltern für die Kinder wächst.

Bücher oder auch mündliche Überlieferungen erweitern die Sammlungen von Versen und Liedern, die Eltern lernen mit den Kindern Neues hinzu. Kinder lieben ein ständiges Wiederholen der bekannten Verse und Lieder. Voller Spannung und Erwartung schauen sie zu, wenn die Katze die Maus packt oder die flinken Mäuschen sich schnell in ihrem Mausehaus verkriechen und dann zu einem neuen Spiel wieder hervorkommen. Die Freude und der Spaß der Kinder an diesen Spielen schafft Vertrauen zu den Eltern, denn sie haben mit ihnen ein gemeinsames Erlebnis.

Krabbel- und Kitzelspiele

Jeder kennt das „Kuckucksspiel", eines der ersten Spiele mit unseren Kindern. Die Babys strahlen, strampeln und krähen vor Vergnügen, wenn der Kopf hinter dem Körbchen sich versteckt und wieder auftaucht. Eine Welt von Glück und Freude, von Vertrauen und Zusammengehörigkeitsgefühl liegt in den ersten Spielen zwischen dem Erwachsenen und dem Kind. Über zärtliche Hautberührungen wie

Streicheln, Kitzeln und Kosen mit den Fingerspitzen, der flachen Hand, dem Mund oder den Haaren erfahren die Kinder über die Haut, an welchen Körperteilen sie besonders kitzlig sind, und lernen ihren Körper spielerisch kennen.

Fingerspiele

Mit den Fingerspielen werden die ersten Fäden zur Außenwelt geknüpft. Die Maus, die Katze, der Wind oder die Fahne draußen auf dem Turm werden herbeigezaubert und machen das Kind aufgeschlossen für die Umwelt. Durch die einfachen Reime der Verse wird der Wortschatz erweitert und das Gehör geschult.

Viele Fingerspiele lassen sich mit den kleinen Basteleien, die ich in diesem Buch angebe, auch optisch darstellen. Für die Kleinen ist es wie ein Puppentheater, es dient zur Entspannung oder Verschnaufpause nach einem Bewegungsspiel, aber auch zur Anregung, um selbst einen solchen Gegenstand herzustellen und mit ihm zu spielen. In Fingerspielen und Versen stellen Kinder gerne erste Rollenspiele dar.

Bewegungs- und Kreisspiele

Gesang, Musik und rhythmisches Sprechen fordern Kinder zum Bewegen, Tanzen, Drehen und Klatschen auf. Ohne Aufforderung setzen sie Lieder und Verse in Körperbewegungen um. Bei den kleineren Kindern stehen Bewegungsspiele im Vordergrund, die größeren lieben mehr die Kreisspiele. Besonders kleinere Kinder haben häufig Angst und Scheu, ein anderes Kind anzufassen. Viele Kreisspiele lassen sich aber auch ohne das Berühren des anderen durchführen, indem wir uns ganz zwanglos nach der Musik bewegen. Kreisspiele, bei denen zum Schluß die Kinder hinfallen, sind in allen Altersstufen beliebt. Spiele, bei denen ein Kind in der Mitte des Kreises steht, sind mehr für die Größeren gedacht, bei den Kleineren gehen die Erwachsenen mit in den Kreis, um ihnen die Befangenheit zu nehmen. Erst wenn wir das Singspiel des öfteren getanzt haben, wagen sie sich auch allein in den Kreis.

Auf keinen Fall sollten Kinder zum Mitmachen gezwungen werden. Durch das Beobachten der anderen und deren Freude und Spaß am Spiel entschließen sie sich meist von selbst mitzumachen.

Mit einfachen Liedern und Versen lassen sich Autos, Züge, schleichende Katzen, flinke Mäuschen in Bewegungsspiele umsetzen. Da die Witterung es nicht zu jeder Jahreszeit zuläßt, sich im Freien zu bewegen, können wir auch im Haus mit ein wenig Phantasie dem natürlichen Bewegungsdrang unserer Kinder nachkommen.

Wolldecken werden, von zwei Erwachsenen gehalten, zu Schaukeln. Legen wir sie über *Tische* und *Stühle*, so haben wir eine Höhle, in der wir uns verstecken können, oder eine Hundehütte bzw. ein Mäusehäuschen zum Durchkrabbeln und -kriechen.

Mehrere Stühle hintereinandergestellt ergeben eine Stuhlreihe; legen wir eine Decke oder ein Bettlaken darüber, so haben wir einen Tunnel.

Große Kartons (in Möbelgeschäften erhältlich) werden zu Autos oder Schiffen. Schneiden wir Türen und Fenster hinein, haben wir ein Häuschen. Entfernen wir den Boden, so können sich Mäuse oder Katzen darin verstecken, wenn ein „gefährliches Tier" kommt. Mehrere Kartons ohne Boden hintereinander aufgestellt und mit einem Klebeband befestigt laden zum Durchkrabbeln, -robben und -kriechen ein.

Einen fertigen *Tunnel* gibt es im Fachhandel zu kaufen, wollen wir einen *Kriechtunnel* selber herstellen, so benötigen wir zwei Hula-Hoop-Reifen und ein Bettlaken. Die Reifen werden am Kopf- bzw. Fußende des Bettuches eingenäht, so daß ein Schlauch entsteht. Damit der Tunnel lustiger aussieht, können wir ihn mit Fingerfarben bemalen, oder wir drucken unsere bemalten Hände und Füße darauf ab.

Im Raum halten 2 Erwachsene den Tunnel, auf dem Rasen läßt er sich mit jeweils 2 Bändern und 4 Heringen (für Zelte) oder Holzpflökken im Boden befestigen.

Viel Spaß bringt es den Kleinen, wenn sich Erwachsene am Bewegungsspiel beteiligen. Mal sind sie das Mäuschen, hinter der die Katze kriecht, mal der Hund, der von einem gefährlichen Tier verfolgt wird, und umgekehrt. Piepsend, bellend oder miauend geht es über die Hindernisse hinweg oder unter ihnen durch.

Malen, Basteln und Kneten

Die Mal- und Bastelvorschäge in diesem Buch wurden mit Eltern-Kind-Gruppen und Kindern im Alter von 2 bis 4 Jahren hergestellt. Für die Kinder sollen die Beschäftigungen ein Kennenlernen der verschiedenen Materialien sein. Das Ergebnis ist zweitrangig. Im Vordergrund steht das Ausprobieren von Papier, Malstiften, Schere, Klebe, Knete und Farben.

1½jährige beginnen beim Malen mit Krakeleien und vorsichtigen Schlängellinien, die dann in eine Art Spirale übergehen. Sie üben durch diese Hin- und Herbewegung des Armes ihre Feinmotorik. Mit annähernd 3 Jahren entstehen Kreise, die zuerst sternförmig durchkreuzt werden und später sonnenähnliche Strahlen erhalten. Zwischen 3½ und 4 Jahren wird der Mensch als Kopffüßler dargestellt, vom 5jährigen bekommt der Mensch einen Rumpf, und nun gelingen ihm auch andere Darstellungen von Gegenständen. Aber das sind nur Richtwerte, es gibt Früh- und Spätentwickler – über die Begabung sagen sie noch nichts aus.

Die hier vorgestellten Mal- und Bastelvorschläge sind bei den 2jährigen in Zusammenarbeit mit den Eltern entstanden. Die Eltern geben die Formen vor, z. B. einen Baum, eine Katze, Blume usw. Die Kinder tupfen, drucken oder malen den Gegenstand aus oder bekleben ihn mit Buntpapierschnipseln. Die Kleinen halten sich noch nicht an eine vorgezeichnete Linie oder Form, deshalb ist es ratsam, den gewünschten Gegenstand nach dem Skizzieren auszuschneiden und dann die Kinder mit Farbe oder Klebe und Buntpapier experimentieren zu lassen. Kleben wir anschließend die Werke auf einen farbigen Hintergrund, haben wir einen schönen Wandschmuck, auf den die Kinder stolz sind. Beim Basteln wird viel geschnitten und geklebt, auch das können wir mit den Kinder gemeinsam machen. Während die Eltern das Motiv ausschneiden, hantieren die Kinder mit ihrer eignen Schere an den Abfallstücken. Das Fertigstellen und Zusammenkleben geschieht wieder mit Eltern und Kinder gemeinsam.

Bei den 3jährigen haben wir, sofern es die Kinder nicht allein konnten, die Formen vorgegeben und ihnen Hilfestellung beim Schneiden und Kleben gegeben.

Für die Bilder und Basteleien wurden nur Wachsmalstifte und Fingerfarben verwendet. Filzstifte und Buntstifte sind nur für besondere Feinheiten eingesetzt worden. Fingerfarben in den Tönen Rot, Gelb, Blau, Grün, Schwarz und Weiß sind ausreichend, alle anderen Töne lassen sich mischen.

Ungiftige Klebe und Farbe können wir auch selber herstellen (siehe Rezepte).

Um Kinder zum Malen oder Basteln anzuregen, eignen sich Fingerspiele, Lieder, Verse, Geschichten oder Bilderbücher.

Das Kneten

Wie das Malen und Basteln gehört auch das Kneten zum kreativen Gestalten. Es dauert lange, bis die Kleinen formschöne Dinge anfertigen. Aber Freude am weichen, geschmeidigen Material der Knete haben schon die Kleinsten. Sie drücken, stechen, rollen, klopfen und schneiden die Masse. All diese Tätigkeiten kräftigen die Finger- und Handmuskulatur. Beim „Arbeiten" ist die Phantasie grenzenlos, da werden Kügelchen zu Eiern, Äpfeln oder Bällen, eine gerollte Knetschlange wird zur Wurst bestimmt, die dann mit einem Holzspachtel oder Plastikeinwegmesser in Scheiben geschnitten wird. Mit einem Nudelholz, Teigrädchen, Knoblauchpresse, Plätzchenausstechformen und kleinen Holzstäbchen läßt sich vieles ausprobieren.

Anstelle von Knete eignet sich auch Salzteig. Hier einige Rezepte zur Herstellung von ungiftiger Knete und Salzteig:

Knete selbst herstellen:

125 g Mehl
125 g Salz
$\frac{1}{4}$ l Wasser
$\frac{1}{4}$ Teelöffel Weinstein (Säure)
Speisefarbe
Mehl und Salz trocken mischen, Weinstein zusetzen. Das Wasser auf einmal reingießen und glattrühren.

In einem (Teflon-)Topf unter Rühren erhitzen, bis sich ein Klumpen gebildet hat (ähnlich wie Brandteig für Windbeutel). Will man bunte Knete haben, fügt man bereits dem Wasser Speisefarbe bei.

Knete in einer Plastikdose aufbewahren – trocknet aus! Der Trocknungsvorgang – falls man es wünscht – dauert sehr lange, eventuell im Backofen backen.

Klebstoff selber machen:

$\frac{1}{2}$ Tasse Wasser +
$\frac{1}{2}$ Tasse Weizenmehl
durchrühren, fertig. Eignet sich für das Kleben von Papier auf Papier. Der Klebstoff wird dabei mit einem Borstenpinsel aufgetragen.

Salzteig:

1 kg Mehl +
1 kg Salz mit
700 ccm kaltem Wasser zu einem glatten Teig kneten. Die Schüssel mit
einem feuchten Tuch abdecken. Den Teig mindestens 4 Stunden (besser über Nacht) ruhen lassen.
Teig auf glatter Fläche ca. 4 mm dick ausrollen, ausstechen und aufs
Backblech legen, bei 50°C und leicht geöffnetem Backofen für mindestens 8 Stunden (je nach Größe) oder über Nacht trocknen lassen.
Feucht abgedeckt hält sich der Salzteig über Wochen.

Farbe selber machen:

1 Stück weiße oder farbige Kreide
2 Teelöffel Speiseöl
Metallöffel
feste Unterlage
Die Kreide in Stücke brechen, mit dem Löffelrücken sie zu feinem
Pulver malen. Tropfenweise das Öl zufügen. Die Mischung so lange
rühren, bis sie glatt ist.

Bilderbücher – Geschichten – Märchen

Bilderbücher vorlesen, betrachten oder Geschichten erzählen dient
am Tage einer gemütlichen Ruhepause. Vorm Schlafengehen lassen sie
den Tag ruhig und entspannt ausklingen.
Mit den Bildern und kleinen, kurzen Geschichten aus dem Alltag
machen wir schon den Kleinsten die Umwelt überschaubarer. Setzen
wir in die Geschichten den Namen unserer Kinder ein und bringen
kleine Handlungen hinein (z. B., wenn es regnet, mit den Fingerspitzen auf den Tisch klopfen), wird die Geschichte für die Kinder zu
einem Erlebnis. In diesem Buch gebe ich einige Anregungen und Beispiele, die sich auch für Rollen- oder Aktionsspiele eignen.
Wer seinem Kind jeden Tag auch nur ein paar Minuten vorliest oder
Geschichten erzählt, gewinnt dabei Unermeßliches. Die Eltern-Kind-Beziehung wird durch diese Vergnügen dauerhaft gefestigt, und für die
Kinder öffnet sich ein Tor zur Welt der Abenteuer und des Wissens.

Aufmerksame Zuhörer beim Handpuppenspiel

Märchen verstehen Kinder erst ab ca. 3½ Jahren. Diese, langsam und ausdrucksvoll gesprochen, verzaubern Kinder in eine Traumwelt. Durch ständiges Wiederholen derselben Geschichten werden diese für die Kinder verständlicher, und schon bald erzählen und spielen sie die Handlungen nach (z. B. Hänsel und Gretel oder Dornröschen).

Kasper- und Handpuppenspiele

Eine besondere Faszination schon für die ganz kleinen Kinder ist es, wenn die Erwachsenen ihnen kleine Geschichten mit Handpuppen vorspielen. Anfangs reichen ein oder zwei Handpuppen für ein kleines Theaterspiel aus. Bei den 2jährigen sollte man ohne Bühne spielen, sie brauchen noch den engen Kontakt zu den Handpuppen. Für die größeren Kinder läßt sich eine Bühne mit Stühlen oder gespannten Dekken schnell aufbauen.

Zu besonderen Anlässen haben wir den Kindern in allen Altersgruppen Kaspergeschichten vorgespielt.

Die Kinder liebten die Geschichten über alles. Wenn es nach ihnen gegangen wäre, könnte der Kasper ihnen jeden Tag etwas erzählen. Voller Begeisterung verfolgten sie die einfachen Handlungen. Sie berichteten dem Kasper und den anderen Handpuppen ihre kleinen Erlebnisse, und im munteren Dialog wurden auf spielerische Art die Sprachentwicklungen gefördert und Hemmungen abgebaut.

4. Spielpädagogische Aufgaben der Erzieherin

Anregung und Begleitung der Beschäftigungen und Spiele

Besonders bei den 2jährigen sollte der Rahmen der Spielzeit, die in der Regel 1 bis 2 Stunden dauert, gleichbleibend sein. Das erleichtert das Einleben in die Gruppe und macht das Gruppenleben überschaubarer. Es gibt zwei Möglichkeiten der Durchführung:

1. Freispiel zum Beginn der Spielstunde, anschließend eine Beschäftigung und Spiele.
Vor- und Nachteile: Die Kinder stürzen sich voller Freude auf das Spielzeug. Sie vertiefen sich in ihr Spiel, müssen es dann aber leider abbrechen, weil die Zeit, um die Beschäftigung durchzuführen, drängt. Häufig haben die Kinder keine Lust, ihr so interessantes Spiel aufzugeben, und weigern sich, an der Beschäftigung teilzunehmen. Sie sind dann aber wiederum traurig, wenn sie zum Schluß der Spielstunde keinen angefertigten Gegenstand mit nach Hause nehmen können.

Zwingen die Eltern das Kind zum Mitmachen und es ist nicht motiviert, sind Tränen, „Bock" und Lustlosigkeit die Folgen.
2. Die Beschäftigung in den Vordergrund stellen und damit bginnen.

Mit Freispiel und Spielen die Stunde ausklingen lassen.
Vor- und Nachteile: Voller Erwartung kommen Eltcrn und Kinder zur Spielstunde. Nach einem Begrüßungslied werden die Kinder mit einer Geschichte, einem Fingerspiel oder einem Bilderbuch auf das Thema eingestellt. Der zu bastelnde Gegenstand wird vorgesellt und eventuell ein Spiel damit ausgeführt. Die so motivierten Kinder können es gar

nicht erwarten, an die vorbereiteten Tische zu kommen, um kreativ tätig zu werden. Anschießend stärken sie sich an ihrer mitgebrachten Zwischenmahlzeit und haben dann noch genügend Zeit zum Freispiel. Zum Schluß kommen die Eltern und Kinder zu einem Kreis- oder Bewegungsspiel noch einmal zusammen, und mit einem Abschiedslied wird die Spielzeit beendet.

Für die Beschäftigungen muß die Erzieherin sich gut vorbereiten. Das, was die Kleinen noch nicht ausschneiden oder entwerfen können, sollte schon vorgefertigt sein. (Bei den Eltern-Kind-Gruppen machen es die Eltern.) Bevor die Kinder erscheinen, sind die Plätze zum kreativen Schaffen schon hergerichtet, damit sie gleich nach der Einführung des Themas drauflosarbeiten können. Jede Spielstunde steht unter einem Thema, oder das Motiv vom Vortag wird weiter ausgearbeitet.

Ein Überangebot an Geschichten, Liedern, Kreis- und Fingerspielen ist zu vermeiden, statt dessen sollte eine kleine Anzahl von den Kindern in allen möglichen Variationen gespielt und immer wiederholt werden. Fingerspiele kann man z.B. als Rollenspiel, Puppenspiel mit angefertigen Gegenständen oder als Bewegungsspiel umsetzen.

Die Kinder verlangen nach Altvertrautem und Bekanntem, darin leben sie sich aus.

Genauso wichtig wie die Beschäftigungen ist das Freispiel, sei es im Garten oder Raum.

Im Raum brauchen die Kinder Kuschelecken (Matratze, Polster) zum Entspannen oder Bilderbücher-Betrachten und kleine Ecken, wo sie ungestört und unbeobachtet spielen können. Solche Ecken lassen sich aus Trennwänden (Pappkartons aus Möbelgeschäften) herstellen. Eine Wolldecke, über einen Tisch gelegt, dient als Höhle. Pappkartons und Stühle werden zu Zügen, Autos oder Hundehütten umfunktioniert.

Bereitstellung des Spiel- und Beschäftigungsmaterials

Das Spiel- und Beschäftigungsmaterial sollte für die Kinder leicht zugänglich sein, damit sie im Freispiel je nach Lust und Laune wählen können. Folgende Materialien fürs Freispiel haben sich bewährt:

– Ein Tisch, gedeckt mit Zeichen- und Buntpapier, farbigen Katalogen, Farbstiften, Klebe (Tapetenkleister), abgerundeten, kindgerechten Scheren, Fingerfarben, Pinsel und Lappen – hier können die

Kinder frei schaffen und die Materialien ausprobieren. Als Abdeckung für den Tisch eignen sich Wachsdecken oder -sets.
– Als Gesellschaftsspiele am Tisch eignen sich jede Art von Farbspielen mit Würfeln oder Karten (Zahlenwürfelspiele erst für Kinder ab 4 Jahren) Bilder-Lotto, Bilder-Domino. Es ist ratsam, daß ein Erwachsener die Durchführung der Spiele leitet, weil die Kinder, sich selbst überlassen, damit überfordert sind und schnell die Lust am Spiel verlieren.
– Didacta-Puzzle, je nach Alter 12–50 Teile.
– Eine ruhige Ecke mit Bilderbüchern, damit die Kinder das Vorgelesene und -gezeigte nochmals in Ruhe betrachten können.
– Zum Bauen auf dem Fußboden Holzbausteine, Duplo- und Legosteine sowie größere Legoplatten (eventuell Straßenplatten).
– Stabile Garagen und Häuser (eventuell aus Kartons herzustellen).
– Bauernhof mit Holztieren.
– Autos in jeder Form.
– Puppenecke mit Puppenkleidung, -betten und Kochgeschirr.
– Arztkoffer.

Für das Spiel im Freien:
– Sandkiste und Sandspielzeug
– Seile und Pferdeleinen
– Bälle
– Kriechtunnel
– eventuell Klettergerüst, Schaukel und Wippe.

Materialien

Folgende Materialien werden für die Mal- und Bastelvorschläge verwendet:

Materialien	Eigenschaften und Tips
Papiersorten	
Buntpapier	Glänzend, alle Farben, gummiert oder ungummiert, verschiedene Größen, vielseitig verwendbar.
Faltpapier	Dünnes Papier, alle Farben, quadratisch, rechteckig, rund, verschiedene Farben und Größen.

Fotokarton	Dünner Karton, alle Farben, genormte Größen.
Goldfolie	Glänzend, stabil, Farben: Gold, Silber, Rot, Blau und Grün, als Rolle.
Kartonpapier	Dickerer Karton, einseitig farbig, viele Farben, genormte Größen.
Kreppapier	Kreppstruktur, alle Farben, färbt in Verbindung mit Wasser und Klebe.
Tonpapier	Dünner Karton, alle Farben, genormte Größen.
Transparentpapier	Durchscheinend, alle Farben, in Bogen erhältlich.

Farben

Fingerfarben	Gut deckend, auswaschbar, in Tuben, kleinere Mengen in Joghurtbechern oder Gläser abfüllen, alle Farben. Wir benutzen die Farben Weiß, Schwarz, Rot, Blau, Grün, Gelb.
Wachsmalstifte	Farbstifte, leuchtende, kräftige Farben, am besten ungiftige, die Bienenwachs enthalten, kaufen.

Pinsel

Borstenpinsel	Für großflächiges Malen mit Fingerfarben, verschiedene Stärken, ratsam Nr. 8–10.

Klebe

flüssige Klebe	Stark klebend, nicht auswaschbar, Flecken mit Brennspiritus ausreiben, bei kleineren Kindern nur in Gegenwart mit Erwachsenen benutzen.
Klebestifte	Für leichte Klebearbeiten, auch für kleinere Kinder geeignet.
Tapetenkleister	Pulver, mit Wasser nach Gebrauchsanweisung anrühren, auswaschbar, kleinere Mengen in Gläser abfüllen, mit dem Pinsel auftragen, auch für kleinere Kinder geeignet, in Maler- oder Heimwerkergeschäften erhältlich.

Die Materialien sind, bis auf Tapetenkleister, in Bastel- oder Schreibwarengeschäften zu erhalten.

Arten	Eigenschaften und Tips	Wo man sie beziehen kann
Wäscheklammern	Aus Holz.	Supermarkt
Bastelklammern	Die Hälfte einer Wäscheklammer.	Bastelgeschäft
Blumendraht	Gut biegbarer Draht.	Blumen- oder Bastelgeschäft
Draht	Gibt es in verschiedenen Stärken, mit der Flachzange zu biegen.	Bastel- oder Heimwerkergeschäft
Efaplast	Feuchte, kneteartige Masse, trocknet an der Luft, Farben: Braun und Weiß, kann man nach dem Trocknen bemalen, 250-g-Packungen.	Bastelgeschäft
Holzperlen	Naturfarben und alle Farben, lakkierte Kugeln, verschieden große Durchmesser, Loch in der Mitte.	Bastelgeschäft
Hutgummi	Starkes Gummi, viele Farben, als Rolle erhältlich.	Handarbeits- oder Kurzwarengeschäft
Klebeband	Durchsichtig, in Rollen.	Bastel- oder Schreibwarengeschäft
Knete	Weiche, knetbare Masse, verschiedene Farben, in Dosen aufbewahren, dann ist sie lange Zeit verwendbar.	Bastelgeschäft
Naturwolle	Angesponnene, ungereinigte, naturfarbene oder buntgefärbte Wolle, watteähnlich.	Handarbeits- oder Bastelgeschäft
Pfeifenputzer	Draht, mit Kunsthaar umgeben, alle Farben, mit Schere oder Zange durchzuschneiden.	Tabak- oder Bastelgeschäft
Ton	Weiß, hell oder dunkelbraune Masse, muß feuchtgehalten werden, nur kiloweise erhältlich.	Töpferei- oder Bastelgeschäft
Glasur	Pulver, das mit Wasser angerührt wird und mit einem Pinsel auf den Schürbrand (1. Brand des Tons)	

	aufgetragen wird. In Transparent und vielen Farben, matt oder hochglänzend. Farbskala zeigen lassen, da das Pulver weiß bis dunkelgrau aussieht. Nach dem Auftragen nochmals brennen lassen.	Töpferei- oder Bastelgeschäft
Wattebausch	100-g-Packungen, in den Farben Weiß, Gelb, Rosa.	Drogerie

Kostenlose Materialien

In diesem Buch wird vieles aus „wertlosem Material" gebastelt. Einiges sollte man in kleinen Kisten oder Schachteln sammeln:

Marmeladenglasdeckel
Schraubverschlüsse von Flaschen
leere Joghurtbecher
Käseschachteln
Knöpfe
Korken
leere Küchenpapierrollen
leere Toilettenpapierrollen
Stoffreste
Wolle
buntbedrucktes Papier aus Zeitschriften, anstelle von Buntpapier.

Naturmaterialien

Auch aus Naturmaterialien kann man sich vieles herstellen; da sie leicht schimmeln, sollte man sie in einem luftdurchlässigen Karton aufbewahren. Gräser, Blätter und Blumen 1 bis 2 Wochen zwischen Zeitungspapier oder alten Telefonbüchern pressen und sie dann im kleinen Karton aufbewahren.

Hier sind einige Anregungen, was man auf Spaziergängen in Wald und Feld sammeln kann:

Blätter, Blumen, Gräser
Bucheckernhülsen
Federn

Moos
Rinde
Tannenzapfen
Steine
Muscheln.

Das sollten Sie zur Hand haben

Papierschere
Kinderschere (abgerundete Spitzen)
Stopfnadel – Nähnadel
Dosenmilchöffner
Faden
Bleistift
Anspitzer
Radiergrummi
Lineal und Dreieck
Wollreste
Stoffreste
Papier
Klebe
Karton- und Pappreste
Pauspapier
Fingerfarben
Pinsel
Wachsmalstifte.

Anregungen für die Arbeit mit Eltern (Elternmitarbeit)

In Eltern-Kind-Gruppen haben die Eltern die Möglichkeit zum Erfahrungsaustausch. Sie können neue Anregungen aufnehmen und ihre Kinder im Umgang mit Gleichaltrigen beobachten. Bei Spielgruppen, zu denen Kinder allein kommen, sollte der Kontakt zur Gruppe und Gruppenleiterin intensiv aufrechterhalten bleiben. Das geschieht durch wechselnde Mithilfe bei der Kinderbetreuung. Eine Mutter oder ein Vater helfen der Gruppenleiterin beim Spielen und kreativen Gestalten. Die Aufstellung eines Mitarbeiterplanes gewährleistet, daß jeder einmal berücksichtigt wird. Durch diese Mitarbeit reißt der Kontakt zur Gruppe/Gruppenleiterin nicht ab. Die Eltern können die Kinder im sozialen Verhalten mit anderen beobachten und lernen die Spielgefährten ihrer Kinder kennen. Sie erhalten einen Einblick in das

Gruppengeschehen. Spiele, Lieder, Reime und Beschäftigungsformen sind ihnen nicht fremd, und sie können diese zu Hause mit ihren Kindern fortsetzen.

Ein Höhepunkt für die Kinder ist es, Feste mit den Eltern gemeinsam zu feiern. Hier bieten sich viele Gelegenheiten: Weihnachten, Ostern, Fasching, Laternen- und Sommerfest. Mit den Eltern wird getanzt, gesungen und gespielt. Die Eltern nehmen sich für 1 bis 2 Stunden Zeit für ihre Kinder und sind nur für sie da.

Trotz des engen Kontaktes der Eltern untereinander und zur Gruppenleiterin am Tage sind Gesprächsabende, bei denen die Eltern Beobachtungen sowie Erziehungsfragen einmal ohne Kinder erörtern können, unvermeidlich.

Hier werden von der Gruppenleiterin Impulse für die Arbeit mit Kindern gegeben. Themen für einen Elternabend könnten unter anderem sein: Collagen zu den Fragen:

– Welche Eigenschaften hat mein Kind?
– Wohin erziehe ich mein Kind?
– Wie gestalte ich das Familienleben mit meinem Kind?

Bastelabende:
– Raum- und Tischschmuck für die Feste herstellen.
– Geschenke (Osterkörbchen, Weihnachtsmann usw.) für die Kinder anfertigen.

Kreatives Gestalten:
Eltern malen nach dem gleichen Motiv wie ihre Kinder am Tag zuvor Bilder. Dadurch wird das Verständnis für das kreative Schaffen der Kinder geweckt.

Hinweis: Dieses Zeichen steht auf den folgenden Seiten für Bücher, die als Anregung und zur Einführung einer Beschäftigung besonders gut geeignet sind. Sie sind klar und großflächig gestaltet, es sind nicht zu viele Details und nicht zuviel Text vorhanden – gerade das richtige für eine Bilderbuchbetrachtung mit der Gruppe. Sie regen Kinder zum Betrachten und Nacherzählen an.

Praxis

I. Lieder und Spiele zu allen Tageszeiten

Schon Babys lauschen und erfreuen sich an einfachen Melodien und zarten Klängen. Kleine Kinder begleiten ihr Spiel häufig mit Gesang und Geräuschen. Topfdeckel, Kochtöpfe, Holzlöffel, Dosen und anderes mehr werden zu Schlaginstrumenten. Die ersten Kinderlieder werden tänzerisch und rhythmisch mit Klatschen, Stampfen und Trampeln begleitet. Mit selbstangefertigten Instrumenten können wir die Freude am Musizieren noch erhöhen und mit rhythmischen Tönen und Klängen ein kleines Orchester aufbauen, oder die ganze Familie versammelt sich zur „Hausmusik".

Die Handlungen der Kleinkinder werden mit Gesang begleitet, sie trällern während des Spiels vor sich hin und erfinden eigene Melodien zu ihrem Spiel. Mit einem Begrüßungs- und Abschiedslied kündigen wir den Kindern den Beginn und Schluß der Spielstunden an. Sonnen- und Regenlieder geben die Empfindungen über das Wetter wieder, und mit den Bewegungsliedern kommen wir dem natürlichen Drang der Kinder nach, Musik mit Gesten zu begleiten.

Freispiel und Beschäftigungen während der Spielstunden sollten harmonisch aufeinander abgestimmt sein. Die 3jährigen können sich bei Gesellschaftsspielen im Stuhlkreis nur kurze Zeit konzentrieren (15 Min.), ein Wechsel von Spielen, Bewegungsliedern und Fingerspielen ist sehr wichtig.

Bei den 2jährigen sollten wir nur ein Spiel oder Lied zur Zeit anbieten und sie anschließend spielen lassen.

1. Zur Begrüßung

Der Kasper ist da

Guten Tag, liebe Kinder
guten Tag, meine Damen, guten Tag, meine Herren!
Habt ihr alle den Kasper gern?
Da hol ich mir gleich den Seppel herbei,
wir machen zusammen manch' lustigen Streich.
Wir schlagen uns, und wir vertragen uns.
Seppel, laß uns in den Wald gehen!
Tritra – trallala, tritra – trallala
noch den Berg rauf und den Berg wieder runter,
nun sind wir da!
Oh, Kapser, ist es dunkel hier,
da habe ich Angst,
und horch einmal, kommt da nicht wer?
Ich verstecke mich hinter dem Baum,
dann ist alles wie im Traum.
Hi, hi, hi, hi, ich bin die Hexe Höckerbein
und hexe dir eine Nase an,
und dir hexe ich zwei Augen an,
und dir ein paar Haare usw.
Oh, da ist ja der Kasper,
dich fange ich und verzauber dich.
Nein, Hexe, nein da wird nichts draus,
marsch fort mit dir ins Hexenhaus!
Da kommt ein böses Krokodil,
das frißt gar viel,
es hat sich heimlich hingehockt
und hätt' den Kapser beinah verschluckt.
Doch Kasper ruckt und zuckt und eiderdaus,
da ist der Kapser wieder raus.
Du böses, böses Krokodil,
marsch fort mit dir und in den Nil.
Da hol ich mir mein Gretelein,
Gretel, wir wollen lustig sein!
Komm, wir machen einen Tanz.
Trallala, trallala, Kasperle war wieder da!

Fingerpuppen zum Kasperstück

Haben wir keine Kasperpuppen, so lassen sie sich ganz leicht aus leeren Streichholzschachtelhüllen herstellen. Besonders die ganz kleinen Kinder sind fasziniert von diesen Puppen, wenn man dann noch ohne Bühne spielt, haben sie einen echten Bezug dazu.

Material: leere Streichholzschachtelhüllen, Krepppapier, Wollreste, Bunt- oder Zeichenpapier, Schere, Klebe, Farbstifte.

Wir bekleben die Hülle einer Streichholzschachtel mit Bunt- oder Zeichenpapier, ein Streifen Kreppapier, der etwas länger ist als der Umfang der Hülle, wird unten in die Schachtel hineingeklebt. Wollreste sind die Haare, diese werden oben in die Hülle geklebt, oder wir geben der Puppe eine Mütze oder ein Kopftuch aus Kreppapier, das wir im Umfang der Schachtel am oberen Rand befestigen. Nun geben wir mit den Farbstiften den Figuren ein entsprechendes Gesicht, und die Vorstellung kann beginnen.

Das Krokodil:

Material: Streichholzschachtelhüllen, grünes Kreppapier, Bunt- und Zeichenpapier, Schere, Klebe.

39

Wir bekleben die beiden Hüllen mit dem grünen Papier. Aus dem Zeichenpapier schneiden wir zackige Zähne zu und kleben sie in das Maul, in den Unterkiefer kleben wir eine rote Zunge, und hinten lassen wir einen langen grünen Schwanz herausschauen. Nun setzen wir noch 2 Augen auf den Kopf, und das „Ungeheuer" ist fertig.

Begrüßungslieder

Guten Tag, guten Tag

(mündlich überliefert)

Gu- ten Tag, gu- ten Tag, seid ihr al- le da,

zum Singen Tan- zen, Spielen fi- de- ra- la- la.

Guten Tag, guten Tag,
seid ihr alle da,
zum Singen, Tanzen, Spielen
fideralala.

Wenn ich froh bin

(mündlich überliefert)

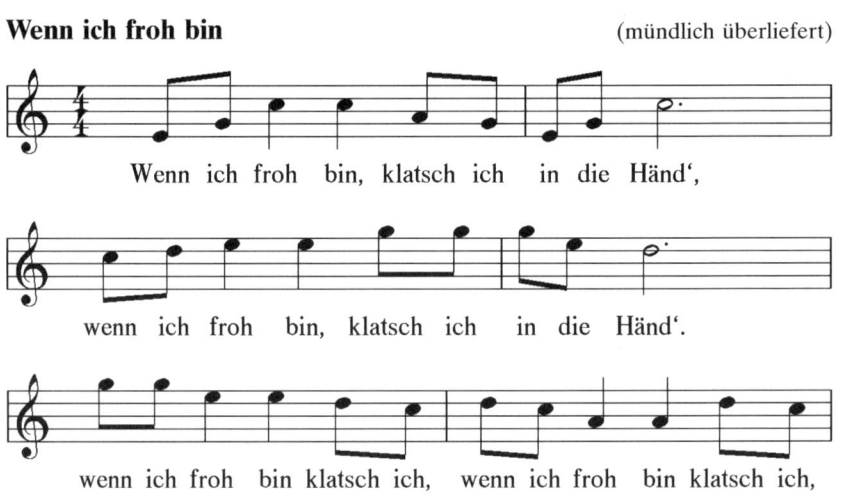

Wenn ich froh bin, klatsch ich in die Händ',

wenn ich froh bin, klatsch ich in die Händ'.

wenn ich froh bin klatsch ich, wenn ich froh bin klatsch ich,

wenn ich froh bin, klatsch ich in die Händ'.

Wenn ich froh bin,
klatsch ich in die Händ', (klatschen)
wenn ich froh bin,
klatsch ich in die Händ', (klatschen)
wenn ich froh bin, klatsch ich,
wenn ich froh bin, klatsch ich,
wenn ich froh bin, klatsch ich in die Händ'. (klatschen)

Wenn ich froh bin, stampf ich mit dem Fuß... (stampfen)

Wenn ich froh bin, ruf ich lauf „Hurra" ... (hurra – Arm hoch)

Wenn ich froh bin, mach ich alles drei... (klatschen, stampfen, hurra)

2. Sonnen- und Regenlieder

Liebe, liebe Sonne   (mündlich überliefert)

Lie- be, lie- be, Son- ne, komm ein biß- chen run- ter,

laß den Re- gen o- ben, dann wol- len wir dich lo- ben.

Ei- ner schließt den Him- mel auf, kommt die lie- be Sonn' her- aus.

Liebe, liebe Sonne,
komm ein bißchen runter,
laß den Regen oben,

41

dann wollen wir dich loben.
Einer schließt den Himmel auf,
kommt die liebe Sonn' heraus.

Fritze, Fritze, Fritze (mündlich überliefert)

Fritze, Fritze, Fritze
hast 'ne nasse Büchse,
oh, wie ist das Wasser naß,
leg dich doch ins grüne Gras,
Sonne wird dich trocknen.

Hoch am Himmel (mündlich überliefert)

Hoch am Himmel, tief auf der Erde,
überall ist Sonnenschein.
Wenn ich nicht ein Kindlein wäre,

42

möchte ich gern ein (Vogel) sein.
piep, piep, piep – Flugbewegung machen

Hier kann man sich die verschiedensten Tiere ausdenken und nachahmen.

Wie lacht uns die liebe Sonne (überliefert aus dem Schwedischen)

Wie lacht uns die liebe Sonne
vom Himmel herab, vom Himmel herab!
Wie lacht uns die liebe Sonne
vom Himmel herab, trallala.

Wie lachen die lieben Kinder,
mal groß und mal klein...

Wie blühen die Blumen im Garten,
bald rot und bald blau...

Der Kuckuck im grünen Walde,
lacht auch noch dazu...

Lacht alles auf seine Weise
und freut sich dabei...

Es regnet, was es regnen kann (mündlich überliefert)

hört's   auch   wie-   der   auf.

Es regnet, was es regnen kann,
es regnet seinen Lauf
und wenn's genug geregnet hat,
dann hört's auch wieder auf.

Spielvorschlag:
Fingerspitzen klopfen auf den Tisch und werden immer lauter,
zum Schluß hören sie schlagartig auf.

Fingerspiel: (mündlich überliefert)
Der erste sagt: Wenn's regnet, da werd ich naß!
Der zweite sagt: Wenn's regnet, das ist kein Spaß!
Der dritte sagt: Wenn's regnet, da geh ich nicht aus!
Der vierte sagt: Wenn's regnet, da bleib ich zu Haus!
Doch der Kleine, der will mal wieder nicht warten,
der springt mit dem Schirm in den Kindergarten!

Bei der letzten Zeile die linke Hand als Regenschirm über den kleinen
Finger der rechten Hand halten.

Das Gewitter: (mündlich überliefert)

Erst ist heller Sonnenschein,	mit der Hand einen Bogen beschreiben
dann schiebt sich eine dunkle Wolke vor,	die Hand davorschieben
dann tröpfelt es,	leicht auf den Tisch klopfen
dann regnet es,	stärker klopfen
dann gießt es,	mit der ganzen Hand schlagen
dann hagelt es,	mit den Fingerknöcheln klopfen
dann blitzt es,	zischen und Blitz beschreiben
dann donnert es,	mit den Fäusten auf den Tisch trommeln
dann kommt der Wind,	
er schiebt die Wolke fort,	pusten
und dann ist wieder heller Sonnenschein.	eine Hand schiebt die Wolke fort wieder einen Bogen machen.

3. Krabbel- und Kitzelspiele

Der Kopf ist rund,
der Kopf ist rund,
hat Augen, Ohren, Nas' und Mund.
Doch oh Schreck,
plötzlich ist die Nase weg.
Rufen wir „hurra",
ist sie wieder da.

Spielform: Mit einer Feder oder den Fingerspitzen leicht die genannten Sinnesorgane berühren und kitzeln, mit einer Hand dann ein Organ abdecken. Mit Spannung wird das Auftauchen wieder erwartet.

„Kitzelspiele" sind eine Freude für die Kleinen, sie vermitteln Wohlbehagen, Entspannung und Vergnügen. Es können alle Körperteile einbezogen werden, und sie lassen sich zu jeder Tageszeit, wenn das Kind dazu bereit ist, durchführen. Statt streicheln, kribbeln, krabbeln und kitzeln mit den Fingerspitzen können wir zur Abwechslung auch weiche, schmusige Materialien einsetzen, wie z.B. Federn, weiches Papier (Tempos, Servietten), Watte, eine weiche Bürste oder Fellreste. Dazu kann man kleine Reime und Verse sprechen oder singen, z.B.:

Wir streicheln (kribbeln, kitzeln),
wir streicheln und fangen lustig an.
Und wenn der Finger nicht mehr kann,
dann kommt sogleich die Feder (Bürste, Watte) dran.
Melodie: Wir spielen, wir spielen ...

Auch das kleine Gedicht: *Die Feder* ist für ein Kitzelspiel gut geeignet. Die Kinder, das Nilpferd lachen bestimmt.

Joachim Ringelnatz:

Die Feder

Ein Federchen flog über Land;
Ein Nilpferd schlummerte im Sand.

Die Feder sprach: „Ich will es wecken";
Sie liebte, andere zu necken.

Aufs Nilpferd setzte sich die Feder
Und streichelte sein dickes Leder.

Das Nilpferd öffnete den Rachen
Und mußte ungeheuer lachen.

Zwei kleine Krabbelhände (mündlich überliefert)

Zwei klei- ne Krab- bel- hän- de krab- beln ü- ber
Land, zwei klei- ne Krab- bel- hän- de
ma- chen sich be- kannt.

Zwei kleine Krabbelhände denken sich was aus.
Zwei kleine Krabbelhände bau'n ein Fingerhaus.

Zwei kleine Krabbelhände spiel'n einmal Versteck,
Zwei kleine Krabbelhände sind mit einmal weg.

Zwei kleine Krabbelhände rufen laut „hurra"!
Zwei kleine Krabbelhände, die sind wieder da!

Wir spielen, wir spielen (mündlich überliefert)

Wir spie- len, wir spie- len und

fan gen lu- stig an: Und
wenn der Dau- men nicht mehr kann, dann
kommt der Zei- ge- fin- ger dran. Wir spie- len, wir
spie- len und fan- gen lu- stig an.

Das ganze Händchen, mit der flachen Hand schlagen,
das Fäustchen, kräftig bumsen,
der Ellenbogen, ebenso,
dann fängt der Fuß zu tippen an,
dann fängt der Kopf zu nicken an,
dann fängt das Ohr zu wackeln an (wer das kann!) –
und endlich hören wir auf!

4. Lieder, Kreis- und Bewegungsspiele

Komm, wir wollen tanzen (mündlich überliefert)

Komm wir wol- len tan- zen, tan- zen,
tan- zen klat- schen in die Händ',

Heis- sas- sa,　klat- schen in die Händ'.

Komm, wir wollen tanzen, tanzen, tanzen,
klatschen in die Händ',
heißassa, klatschen in die Händ'.

Komm, wir wollen stampfen...,
stampfen mit dem Fuß...

Komm, wir wollen nicken...,
nicken mit dem Kopf...

Komm, wir wollen winken...,
winken mit der Hand...

Komm, wir wollen springen...,
springen in die Höh...

Komm, wir wollen fallen...,
fallen in die Knie...

Komm, wir wollen hüpfen,
hüpfen wie ein Frosch...

Komm, wir wollen schleichen...,
schleichen wie die Katz'...

Komm, wir wollen schaukeln...,
schaukeln wie ein Schiff...

Komm, wir wollen fahren...
fahren wie ein Bus...

Komm, wir wollen rollen...,
rollen wie ein Ball...

Eisenbahn

(mündlich überliefert)

Ei- sen- bahn von nah und fern,
ha- ben al- le Kin- der gern

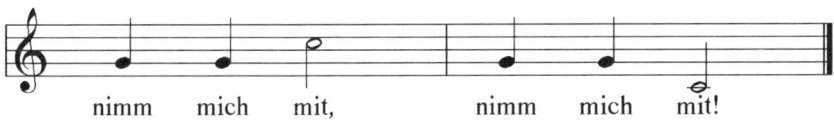

nimm mich mit,   nimm mich mit!

1. Eisenbahn von nah und fern,
   haben alle Kinder gern,
   nimm mich mit,
   nimm mich mit!

2. Eisenbahn von nah und fern,
   haben alle Kinder gern,
   steige aus,
   steige aus!

Spielvorschlag für die 2jährigen:

Spielvorschlag:
Ein Kind, der Schaffner, geht außen um den Kreis herum, beim letzten „nimm mich mit" wird das Kind Schaffner, hinter dem es gerade steht, und der erste Schaffner wird zum „Anhänger".

Sind alle Kinder im Zug eingestiegen, lösen wir ihn wieder auf, indem immer das erste Kind bei „steige aus" den Zug verläßt.

Erwachsene und Kinder fassen sich zur Kette und schlängeln den Zug kreuz und quer durch den Raum. Es können auch mehrere Züge fahren, die voreinander ausweichen. Die erste Strophe wird beliebig oft wiederholt, wollen wir das Spiel beenden, singen wir die 2. Strophe.

Wozu sind uns're Hände da   (von Karl Foltz)

Wo- zu sind uns- re Hän- de da,

Hän- de da, Hän- de da, wo- zu sind uns- re

Hän- de da, Hän- de da?

49

1. Wozu sind uns're Hände da, Hände da, Hände da,
   wozu sind uns're Hände da, Hände da?
2. Die Hände sind zum Klatschen da, Klatschen da...
3. Wozu sind uns're Ohren da...
4. Die Ohren sind zum Hören da...
5. Wozu sind uns're Haare da...
6. Die Haare sind zum Kämmen da...

Die Strophen können beliebig erweitert werden („wozu sind denn die Hunde,
die Autos, die Züge da...").

Alle Tätigkeiten werden pantomimisch dargestellt.

Letzte Strophe z. B.:
Wozu sind unserer Türen da...
Die Türen sind zum Rausgeh'n da...

Jakob hat kein Brot im Haus   (Weise: volkstümlich)

Jakob hat kein Brot im Haus,
Jakob macht sich gar nichts draus.

Jakob hin, Jakob her,
Jakob ist ein Zottelbär.

Jakob schleckt den Honig leer,
Jakob mag ihn gar so sehr.
Jakob hin...

Jakob tanzt auf einem Bein,
Jakob macht es gar so fein.
Jakob hin...

Jakob steigt auf eine Leiter,
immer höher, immer weiter.
Jakob hin...

Jakob steigt nun wieder runter,
immer fröhlich, immer munter.
Jakob hin...

Jakob dreht sich rundherum,
Jakob der ist gar nicht dumm.
Jakob...

Jakob geht zur Tür hinaus,
denn das Liedchen ist jetzt aus.
Jakob hin...

Text: Magrit Evers

Im Garten steht ein Blümelein   (mündlich überliefert)

Im   Gar- ten steht   ein   Blü-   me- lein Ver-

giß- mein- nicht, Ver- giß- mein   nicht   und   wen ich hier am

lieb- sten hab, dem   win-   ke ich, dem   win- ke ich.

Fi- de   ra- la- la- la   la- la- la- la la, fi- de

ra- la- la- la   la- la- la la.

Im Garten steht ein Blümelein,
Vergißmeinnicht, Vergißmeinnicht,
und wen ich hier am liebsten mag,
dem winke ich, dem winke ich.
Fiderallalala lalalala la,
fiderallalala la.

Spielvorschlag:
Ein Kind steht in der Kreismitte, es
winkt sich ein Kind hinein, und bei fiderallalala tanzen die zwei Kinder im
Kreis, die anderen klatschen dazu.

Die Kinderschlange

(mündlich überliefert)

Die Kin- der- schlan- ge   schleicht her- an,

die Kin- der   schlan- ge   schleicht her- an

Der er- ste   schließt   sich hin- ten   an.

Die Kinderschlange schleicht heran,
die Kinderschlange schleicht heran.
Der erste schließt sich hinten an.

Spielvorschlag:
Die Kinder fassen sich zur Schlange.
Bei „der erste…" geht der Kopf an
den Schwanz, so führt jeder einmal die
Schlange an.

Wir fahren Berliner Luftballon (mündlich überliefert)

Wir fahren, wir fahren Berliner Luftballon.
Auf einmal, auf einmal, da platzte der Ballon.
Ein Kreisspiel, bei dem man zum Schluß hinfällt.

Die Bären (mündlich überliefert)

Die Bären gehn im Kreis herum,
den ganzen Tag im Kreis herum,
und wenn sie abends müde sind,
dann fall'n sie einfach um.
Ein Kreisspiel, bei dem man zum Schluß hinfällt.

Mit Seil und Ball

Läßt es die Witterung oder Raumtemperatur zu, sollten sich die Kinder nach Möglichkeit leichtbekleidet und barfuß bewegen.

Spielvorschläge mit dem Seil:

Als „Seiltänzer" balancieren die Kinder in kleinen Trippelschritten über Wäscheleinen, Springseile oder Besenstiele, die quer durch den Raum gelegt sind.

Zwei Seile parallelgelegt werden zu einem „Graben", der zu überspringen ist, heben wir die Seile leicht an, wird es schon schwieriger. Wir kriechen oder robben unter den angehobenen Seilen durch, ohne sie zu berühren.

Wir legen die Seile zu Kreise, Quadraten oder Dreiecken und laufen (kriechen, hüpfen) so lange um unsere „Häuschen" herum, wie die Musik spielt, wird sie ausgestellt, müssen wir uns schnell ein Häuschen suchen, in dem wir uns ausruhen.

Das Seil wird zur „Schlange", indem es von einem Erwachsenen an einem Ende (dem Kopf der Schlange) gehalten wird. In schlängelnden Bewegungen führen wir das Seil durch den Raum, während die Kinder versuchen, auf den Schwanz der Schlange zu treten.

Beim Pferdchenspiel werden die Springseile um die Brust der Kinder gelegt und vom Reiter kreuz und quer um Hindernisse herumgeführt. Mit dem Lied „Hopp, hopp, hopp…" oder den Rufen „Hü-hott" und „Brrr – anhalten" galoppieren die kleinen Pferdchen munter durch den Raum.

Zur Abwechslung sind die Erwachsenen die Pferde, kriechen auf allen vieren, und der Reiter, auf dem Rücken des „Pferdes" sitzend, übt das Gleichgewicht zu halten. Die Pferde wippen mal nach links, mal nach rechts, mal vor, mal zurück, und zum Schluß wird der Reiter sanft fallen gelassen.

Ballspiele

Für kleine Kinder sind weiche Bälle wie Soft-, Tennis-, Stoff- oder Wasserbälle im Raum zu bevorzugen. Leder- und Gummibälle sind mehr für Spiele im Freien gedacht.

Die Spielideen mit dem Ball sind sehr vielseitig. Kleine Kinder haben bis zu 2 Jahren noch Schwierigkeiten, den Ball zu fangen, sie rollen, werfen oder kicken ihn. Die folgenden Spielvorschläge kann man für ältere Kinder noch erschweren, indem man zusätzlich Fangspiele anbietet.

Roll' mein Ball

Roll mein Ball, roll hin und her,
rolle kreuz und rolle quer.
Spiel mit mir den ganzen Tag,
weil ich dich so gerne mag.

Roll mein Ball, roll auf und nieder,
roll recht weit, ich hol dich wieder.
Roll mit mir den ganzen Tag,
weil ich dich so gerne mag.

Roll mit mir durch diesen Raum,
roll auch nachts durch meinen Traum.
Scheint die Sonne wieder hell,
hol ich dich zum Spielen schnell.

Melodie: Eisenbahn von nah und fern.

Spielform: Während wir das Lied singen, rollen wir unseren Ball durch den Raum.
Wir rollen ihn um Hindernisse (Stuhl, Reifen, Tisch usw.) herum.
Erwachsener und Kind sitzen sich mit gegrätschten Beinen gegenüber und rollen sich den Ball zu.

Wir kriechen und krabbeln hinter dem rollenden Ball her. Sicher fallen Ihnen noch mehr Möglichkeiten ein, z.B. durch einen Tunnel rollen usw.

Spielform mit Murmel und Farben: In einen kleinen Karton, z.B. Schuhkarton, legen wir ein Zeichenblatt, geben 2 bis 3 Kleckse Fingerfarben hinein und lassen durch leichte Hin- und Herbewegungen eine Murmel darin rollen. Bei den 2jährigen machen es Erwachsener und Kind gemeinsam. Das Ergebnis ist jedesmal anders, es sind Überraschungsbilder.

Weitere Spielideen: Wir lassen die Bälle springen und hopsen dazu so lange, bis alle Bälle still am Boden liegen.
Die Kinder liegen auf einem großen Ball, und wir rollen ihn sachte hin und her.
Kleine Bälle in einen Behälter zielen (z.B. Eimer oder Korb).
Bälle auf dem Kopf halten und dabei um Hindernisse herumgehen.
Das untere Ende eines schräggestellten Brettes wird in eine Schüssel oder einen Behälter gelegt, in den wir, die Schräge hinunter, kleine Bälle rollen lassen.

Luftballon schweb' ...

Luftballon schweb' auf und nieder,
bitte, tu es immer wieder.

Luftballon flieg an die Wand,
komm' zurück in meine Hand.

Luftballon ich fang dich ein,
denn du sollst auch bei mir sein.

Text: Magrit Evers
Melodie: Eisenbahn von nah und fern...

Spielform: Wir stupsen den Luftballon hoch und fangen ihn wieder ein.
Viereckige Tücher (Kopftücher) werden von einem Erwachsenen und einem Kind gehalten, und wir versuchen damit den Ball einzufangen.

Wir legen die Ballons in eine Wolldecke oder ein Laken, fassen rundherum die Decke an und lassen die Ballons mit leichten, sanften Bewegungen auf- und niederschweben. Das gleiche läßt sich mit Bällen durchführen, nur müssen wir dann mehr rütteln.

Wir versuchen den Luftballon mit einem kleinen Karton, z. B. Schuhkarton, wieder einzufangen.

Laufspiele

Wer fürchtet sich vorm „schwarzen Mann"?

Schwarzer Mann: Wer fürchtet sich vorm schwarzen Mann?
Kinder: Niemand!
Schwarzer Mann: Und wenn er kommt?
Kinder: Dann laufen wir!

Ein Kind ist „schwarzer Mann", es steht in einem größeren Abstand den anderen Kindern gegenüber, bei „Dann laufen wir" versucht es so viele Kinder wie möglich zu fangen, die in der nächsten Runde mit „schwarzer Mann" sind. Das Spiel wiederholt sich so lange, bis nur noch ein Kind übrigbleibt, dieses darf bei einem neuen Spiel „schwarzer Mann" sein.

Herr Fischer, Herr Fischer...

Kinder: Herr Fischer, Herr Fischer, wie tief ist das Wasser?
Fischer: (Tausend) Meter tief!
Kinder: Wie sollen wir darüberkommen?
Fischer: Im Laufen (oder Schwimmen, Hüpfen, Springen usw.).

Spielverlauf: Wie „schwarzer Mann".

Katze und Maus

Katze: Ist die Maus zu Haus?
Maus: Ja!
Katze: Wann kommt sie raus?
Maus: Um (drei)!

Alle Kinder zählen bis zur angesagten Uhrzeit.
Katze: Ich komme!

Spielverlauf zu „Katze und Maus": Die Kinder fassen sich zum Kreis
(eine Tür bleibt dabei offen), in der Mitte des Kreises steht die Maus,
in der Tür steht die Katze. Beim Fangen öffnet sich der Kreis für die
Maus, der Katze wird der Durchgang versperrt, nur die Tür bleibt
offen.

5. Lieder in Begleitung mit Instrumenten

Kinder musizieren gerne. Alles, was mit Geräuschen und Klängen
verbunden ist, findet ihr Interesse. Für die folgenden kleinen musika-
lischen Spiele können wir mit etwas Geschick eigene Instrumente
herstellen:

Schütteln oder Rasseln: Leere Filmdosen, Metalldosen (z. B. Creme-
dosen) mit Erbsen, Linsen oder Reis füllen, den Deckel zusätzlich mit
einem Klebeband verschließen.
    Füllen wir auf die gleiche Art leere Schachteln (z. B. Streichholz-
schachteln), so können wir leise Geräusche nachahmen, wie etwa das
Schleichen einer Katze oder Säuseln des Windes in den Bäumen.
    Schellenkranz: Mit einem Milchdosenöffner stechen wir ein Loch in
Flaschenverschlüsse oder Kronkorken, reihen sie dann auf einen sta-
bilen Draht auf und schließen die Drahtenden zu einem Ring, die
Enden umwickeln wir mit einem Klebeband. Hin und wieder wird ein
kleines Glöckchen zwischen den Metallverschlüssen aufgezogen; das
ergibt einen noch schöneren Klang.
    Schellen: Kleine Glöckchen werden an einem viereckigen Tuch be-
festigt.
    Trompeten: Vor eine Öffnung einer Küchen- oder Toilettenpapier-
rolle spannen wir Pergamentpapier und befestigen es an der Rolle mit
einem Klebeband. Wir können hineinblasen, -summen oder Tierlaute
nachahmen, z. B. das „Uhu" der Eulen.
    Klanghölzer: Mit zwei Rundhölzern (Durchmesser und Länge nach
Belieben) lassen sich rhythmische Klopfgeräusche erzeugen.
    Trommeln: Holzstab auf verschiedene leere Metalldosen schla-
gen.

Zupfinstrument: In leere Wasch- oder Spülmitteltonnen bohren wir mit einem Milchdosenöffner mehrere sich gegenüberliegende Löcher, durch die wir ein unterschiedlich straff gespanntes Hutgummiband ziehen. Beim Zupfen entstehen verschiedene Töne.
Die Musikinstrumente lassen sich mit Farbe oder Buntpapier noch verschönern.

Spielvorschläge:

Wozu sind uns're *Glöckchen* da,
Glöckchen da, Glöckchen da,
wozu sind uns're Glöckchen da, Glöckchen da?

Die Glöckchen sind zum Klingen da, Klingen da...

Wozu sind uns're *Rasseln* da...
Die Rasseln sind zum Schütteln da...

Wozu sind uns're Trommeln da...
Die Trommeln sind zum Schlagen da...

Wozu sind uns're *Zithern* da...
Die Zithern sind zum Zupfen da...

Melodie: Wozu sind uns're Hände da...

Bim, bam, bum, die *Trommel* geht herum.
Trommel laut und trommel leise,
jeder tut's auf seine Weise.
Bim, bam, bum, die Trommel geht herum.

Kling, klang, kling, kling mein *Glöckchen* kling.
Klinge laut und klinge leise,
jeder tut's auf seine Weise.
Kling, klang, kling, kling mein Glöckchen kling.

Plim, plam, plum, die *Schüttel* geht herum.
Schüttel laut und schüttel leise,
jeder tut's auf seine Weise.
Plim, plam, plum, die Schüttel geht herum.

Melodie: Summ, summ, summ, Bienchen summ herum...

Rhythmisch gesprochen:
Seht, ich geh und (schlag) die *(Trommel)*,
und jetzt gebe ich sie dir.

... und zupf die *Zither*...

... und schüttel die *Rassel*...

... und schlag die *Hölzchen*...

Seht, ich laß die *Glöckchen* klingen,
und jetzt gebe ich sie dir.

6. Gesellschaftsspiele im Stuhlkreis

Ich seh, ich seh, was du nicht siehst

Die Kinder sitzen im Kreis, ein Kind guckt sich eine Farbe aus, die eines der Kinder trägt, und sagt dann: „Ich seh, ich seh, was du nicht siehst, und das sieht (blau) aus." Nun dürfen alle Kinder raten, wer die blaue Farbe trägt.

Geschicklichkeitsspiele

Material: 1 Baustein
Wer schafft es, einen Baustein auf der ausgestreckten Hand, auf dem Fuß oder auf dem Kopf von einem Platz zu einem anderen zu balancieren?

Variante:
Zubehör: 2 Eimer, 1 Becher

Ein Eimer wird mit Wasser gefüllt, der andere steht leer in einem gewissen Abstand gegenüber. Ein Kind füllt einen Becher mit Wasser, geht vorsichtig damit zu dem leeren Eimer und gießt ihn dort aus, nun kommt das nächste Kind dran.

Bälle in den Eimer werfen

Material: 1 Eimer, 3 kleine Bälle

Aus einer kleinen Entfernung werden 3 Bälle in den Eimer gezielt.

Ballspiele im Kreis oder Stuhlkreis

Material: 1 Ball

Wir reichen den Ball im Kreis herum, erst linksherum, dann rechts-
herum, erst langsam, dann immer schneller werdend.

Der Spielleiter wirft einem Kind einen Ball zu und stellt dabei Fragen:
„Was ißt du gern?" oder „Was trinkst du gern?" oder „Womit spielst du
gern?" oder „Womit fährst du gern?" Das Kind beantwortet die Frage
und wirft den Ball dem Spielleiter zurück – nun kommt das nächste
Kind an die Reihe.

Der Spielleiter wirft einem Kind den Ball zu und fragt dabei: „Wie
macht die Kuh?" oder „Wie macht der Esel? ..." Das Kind beantwortet die Frage, indem es die Tierstimme nachahmt, wirft dem
Spielleiter den Ball wieder zu, und dieser fragt ein anderes Kind nach
einem anderen Tier.

Flaschendrehen

Material: 1 leere Flasche

Wir sitzen im Stuhlkreis, ein Kind dreht in der Mitte des Kreises die
Flasche und stellt dabei die Frage: „Wie macht die Maus?" Das Kind,
wohin der Flaschenhals zeigt, beantwortet die Frage, darf die Flasche
drehen und stellt erneut die Frage nach einem Tier.

Pinke, panke, puster

Material: 1 kleiner Gegenstand, der in der Hand versteckt wird

Ein kleiner Gegenstand (Luftballon, Nuß oder Bonbon) wird in einer
Hand versteckt, die andere Hand wird als Faust darübergesetzt. Indem

die Fäuste immer im Wechsel übereinandergesetzt werden, spricht
man den Vers:
Pinke, panke, puster
im Hause wohnt der Schuster,
wo soll er wohnen,
unten oder oben?
Zum Schluß des Verses muß das Kind raten, in welcher Hand sich der
Gegenstand befindet.

Stummes Winken

Die Kinder stehen oder sitzen im Kreis. Ein Kind ist in der Mitte, es
winkt sich stumm ein Kind aus dem Kreis zu sich hinein, wenn das Kind
ganz leise gekommen ist, reicht es ihm die Hand, dann darf das Kind in
der Mitte stehen. Ist es aber laut zu ihm in die Mitte gekommen, so
wird ihm abgewunken, und das Kind in der Mitte sucht sich ein neues
aus.

Bello, dein Knochen ist weg

Material: 1 Baustein

Die Kinder sitzen im Kreis. Ein Kind ist Bello, der Hund, es hockt in
der Mitte des Kreises, hat die Augen geschlossen, und neben ihm liegt
der Knochen (Baustein). Nun wird nur durch stummes Winken ein
Kind vom Spielleiter bestimmt, das den Knochen fortnimmt. Alle
Kinder halten nun die Hände auf dem Rücken und rufen: „Bello, dein
Knochen ist weg!" Bello muß erraten, wer den Knochen fortgenommen hat. Er geht zu den Kindern, bellt sie an, und die Kinder, die
angebellt wurden, müssen ihre Hände vorzeigen.

Drei Tier- oder Blumenbilder vertauschen den Platz

Material: Tier- oder Blumenbilder

Die Kinder bilden 3 Gruppen. Jede Gruppe erhält ein Bild mit einem
Tier- oder Blumenmotiv, die Bilder innerhalb jeder Gruppe müssen
gleich sein. Die Gruppen stehen sich weit entfernt im Raum gegen-

62

über. Nun nennt der Spielleiter 2 Motive, diese beiden vertauschen miteinander die Plätze. Zum Schluß, wenn es gut klappt, können auch alle 3 Gruppen untereinander die Plätze vertauschen.

Farbbilder vertauschen den Platz

Material: farbiges Papier

Es wird genauso wie „Tier- oder Blumenbilder vertauschen ihren Platz" gespielt, nur hat jetzt jede Gruppe eine bestimmte Farbe.

Heiß und kalt

Material: 1 beliebiger Gegenstand

Ein Kind geht vor die Tür. Ein anderes Kind versteckt einen Gegenstand (Teddy, Auto, Puppe) im Raum. Dann wird das Kind hereingerufen und muß den Gegenstand suchen. Ist es davon weit entfernt, rufen alle kalt, kommt es in die Nähe des Gegenstandes, wird es lauwarm bis heiß.

Variante:
Material: 1 Glöckchen
Alle Kinder gehen vor die Tür, der Spielleiter versteckt ein Glöckchen im Raum, das die Kinder suchen müssen. Wer es zuerst gefunden hat, darf damit läuten und es dann aufs neue verstecken.

Der heiße Knopf

Material: 1 Tüte voller Knöpfe oder Nüsse

Die Kinder sitzen im Kreis, in der Mitte des Kreises liegen Knöpfe, Nüsse oder Muggelsteinchen. Ein Kind geht vor die Tür. Die anderen Kinder bestimmen einen Knopf (oder einen anderen Gegenstand) als „heiß". Nun kommt das Kind herein und darf sich so viele Knöpfe abnehmen, bis es an den „heißen Knopf" gekommen ist, dann rufen alle „Heiß". Die nächste Runde kann beginnen.

Wecker suchen

Material: 1 Wecker, der laut tickt

Die Kinder sitzen im Kreis und haben alle die Hände auf dem Rücken, ein Kind ist vor der Tür. Der Spielleiter gibt einem Kind einen Wecker in die Hände. Nun kommt das Kind herein und muß am Ticken des Weckers erkennen, wer ihn versteckt hält.

Kleider vertauschen

Material: 2 Kinder vertauschen miteinander den Pullover, die Strickjacke oder das Halstuch

Die Kinder sitzen im Kreis, ein Kind ist vor der Tür. Nachdem 2 Kinder miteinander die Kleidung vertauscht haben, muß das hereingekommene Kind erraten, wer sich verändert hat.

Schuhe vertauschen

Material: 2 Kinder vertauschen miteinander die Schuhe

Es wird wie das Kleidervertauschen gespielt.

Wer ist unter der Wolldecke?

Die Kinder sitzen im Kreis, 1 Kind ist vor der Tür. Der Spielleiter bestimmt 1 Kind, das in der Mitte des Kreises sich unter einer Wolldecke versteckt. Nun kommt das Kind herein und muß erraten, wer unter der Wolldecke steckt. Man kann kleine Hilfestellungen geben, wenn es zu schwierig wird, indem das Kind unter der Wolldecke seinen Schuh zeigt, etwas spricht oder der Spielleiter das Kind beschreibt.

7. Rate- und Sinnesspiele – Kim-Spiele

Material: verschiedene Gegenstände

Kim-Spiele sind Gedächtnisübungen in vielen Variationen. Sie heißen so nach dem Titelhelden eines Romanes von Rudyard Kipling. Das indische Waisenkind Kim unterliegt bei einem Gedächtnisspiel. Um ein ebenso gutes Gedächtnis zu erlangen wie sein siegreicher Gegner, trainiert es eifrig seine Merkfähigkeit.

Auf dem Tisch werden Spielsachen ausgebreitet, zum Beispiel ein Kasper, ein Auto, ein Ball usw., insgesamt 5 Gegenstände. Sie sollten aber nicht wild durcheinander liegen, sondern alles muß klar und auf einen Blick erkennbar sein. Die Kinder benennen sie noch einmal beim Namen, dann schließen sie die Augen, und der Spielleiter nimmt einen Gegenstand fort. Nachdem die Kinder wieder die Augen geöffnet haben, sagen sie, welcher Gegenstand fehlt. Nach der 3. Runde kann man auch 2 bis 3 Spielsachen fortnehmen oder neue hinzufügen.

Nasen-Kim: Hier geht es außer um das Gedächtnis auch noch um die Nase.

Der Spielleiter hat eine Menge Düfte bei sich: halbierte Früchte wie Äpfel, Orangen oder Bananen, Fläschchen mit Essig, Parfum, Honig, Wurst, Käse usw. Zunächst riechen die Kinder mit offenen Augen daran und benennen die Gegenstände, dann werden einem Kind die Augen verbunden, man hält ihm einen der „Gerüche" unter die Nase, und es muß erraten, was es ist. Dann ist der nächste Riecher an der Reihe.

Mund-Kim: Hier dreht sich alles um den Geschmack.

Ähnlich wie beim Nasen-Kim muß jedes Kind herausfinden, in was es gerade beißt: Apfel, Schokolade, ein Stück Brot oder gar eine Zitrone.

Ohren-Kim: Es werden Geräusche erraten.

Über zwei Stuhllehnen wird ein Tuch gespannt und verdeckt den davorsitzenden Kindern die Sicht. (Man kann auch eine Kasperbühne nehmen.) Hinter dem Tuch sitzt der Spielleiter und macht mit vorbereiteten Dingen allerlei Geräusche, die erraten werden müssen. Bei kleineren Kindern ist es ratsam, ihnen erst die Geräusche vor der Bühne vorzuführen: Nüsse knacken, ein Streichholz anzünden, Wasser in ein Glas gießen, Papier zerreißen, Papier zerknüllen usw.

Eine andere Variante: Alle Kinder gehen vor die Tür, und der Spielleiter verändert etwas sehr auffällig im Raum, z. B. wird ein Stuhl in die Ecke gestellt oder eine Blumenvase, die vorher auf dem Tisch stand, auf den Schrank gestellt, ein Bilderbuch auffällig auf den Tisch gelegt usw. Die Kinder kommen alle herein und müssen erraten, was sich verändert hat. Wer es zuerst errät, darf bei der nächsten Runde den Raum verändern.

Tast-Kim

Ähnlich wie beim Gedächtnis-Kim werden Spielsachen erraten, nur geht es hier um das Fühlen. 2 bis 3 Spielsachen (für die Größeren mehr) werden sich zunächst angeschaut und dann mit einem Tuch verdeckt. Nun befühlen die Kinder einen Gegenstand, ohne unter das Tuch zu schauen, benennen ihn und zeigen ihn vor.

8. Geburtstagslieder

Zum Geburtstag viel Glück

(mündlich überliefert)

Zum Ge- burts- tag viel Glück, zum Ge-

burts- tag viel Glück, zum Ge- burts- tag lie- ber

Ti- mo, zum Ge- burts- tag viel Glück!

Zum Geburtstag viel Glück,
zum Geburtstag viel Glück,
zum Geburtstag (lieber Timo),
zum Geburtstag viel Glück!

Torben hat Geburtstag

(mündlich überliefert)

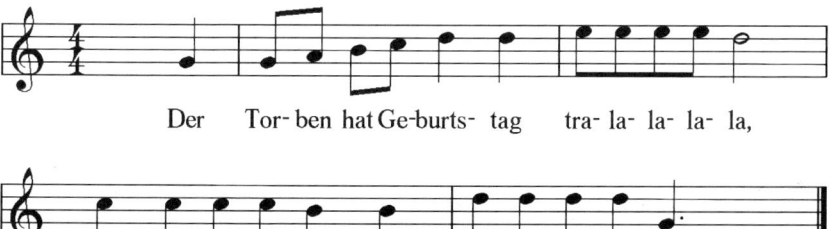

Der Tor- ben hat Ge- burts- tag tra- la- la- la- la,

freun sich al- le Kin- der tra- la- la- la la.

(Der Torben) hat Geburtstag
trallalala la,
(freun) sich alle Kinder (statt freun sich: stampfen, klatschen singen)
trallalala la.

Hoch soll er leben

(mündlich überliefert)

Hoch soll er le- ben, hoch soll er le- ben drei- mal hoch!

Hoch soll er leben,
hoch soll er leben,
dreimal hoch!
Hoch! Hoch! Hoch! (hierbei dreimal vom Stuhl springen)

9. Abschiedslieder

Ist der Spielkreis zu Ende

(mündlich überliefert)

Ist der Spiel- kreis zu En- de gehn wir

fröh- lich nach Haus. Mut- ter weiß, daß wir

kom- men teilt das Mit- tag- es- sen aus.

Ist der Spielkreis zu Ende,
gehn wir fröhlich nach Haus,
Mutter weiß, daß wir kommen,
teilt das Mittagessen aus.

Schluß für heut'

(mündlich überliefert)

Schluß für heut', a- de ihr lie- ben Leut'.

Wir wol- len jetzt nach Hau- se gehn,

und sa- gen uns Auf Wie- der- sehn.

Schluß für heut', a- de ihr lie- ben Leut'.

Schluß für heut',
ade ihr lieben Leut',
wir wollen jetzt nach Hause gehn,
und sagen uns auf Wiedersehn.
Schluß für heut',
ade ihr lieben Leut.

II. Ein Jahr im Spielkreis

Lieder, Bilderbücher, Geschichten und Mal- und Bastelarbeiten, zu den Jahreszeiten passend, entwickeln in Kleinkindern ein Zeitgefühl für den Jahresrhythmus, die Umwelt wird überschaubarer. Sie erleben die Natur bewußter, und wir vertiefen mit unseren Angeboten ihre Empfindungen für die Umgebung. In den nachfolgenden Kapiteln finden Sie Vorschläge für Beschäftigungen mit Kleinkindern, die das „ganze" Kind im Jahresablauf ansprechen.

1. Vom Vogel im Nest, Schaf und Lämmchen und Marienkäfer auf dem Blatt

Im Frühling gibt es viel zu beobachten:

1. Neues Leben auf dem Bauernhof oder im Tierpark.
2. Zweige und Knospen in die Vase stellen und zusehen, wie sie über Wochen ausschlagen.
3. Kresse, Schnittlauch oder Glücksklee in einen kleinen Blumentopf einsäen.

Frühling

Guten Morgen   (mündlich überliefert)

Gu- ten Mor- gen Su-   san,   was

machst du in dei- nem Gar- ten? Ich   har- ke wie ihr

seht,   dann   braucht man nicht lang zu war- ten.

Wenn die Son- ne lacht   und der Früh- ling naht,

ist die Ar-   beit   ge-   tan.

Alle: Guten Morgen, (Susan), was machst du in deinem Garten?
Einzeln: Ich (harke) wie ihr seht, dann braucht man nicht lang zu warten.
Alle: Wenn die Sonne lacht und der Frühling naht, ist die Arbeit ge-
            tan.

Spielvorschlag:
Wir sitzen im Stuhlkreis und unterhalten uns über die Gartenarbeiten
im Frühling. Wir stellen verschiedene Gartengeräte vor und bespre-
chen, was man damit machen kann. (Es kann auch Sandspielzeug
sein.) Z. B. Schaufel, Spaten, Eimer, Gießkanne usw. Ein Kind geht in
die Kreismitte, sucht sich ein Gerät aus und stellt beim Einzelgesang
die Arbeit dar.

Bei den kleineren Kindern singen alle den Einzelgesang mit.

Die Tulpe

Material: Zeichenpapier, quadratisches Buntpapier von 10 cm Seitenlänge oder Faltpapier, grünes Buntpapier, grüne Wachsmalstifte,
Schere, Klebe

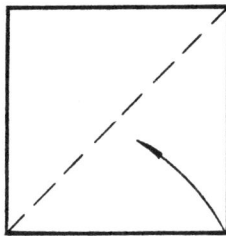

Falte das Quadrat zu einem Dreieck.

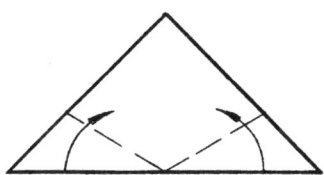

Falte die beiden Ecken nach oben.

Eric Carle
Nur ein kleines Samenkorn
Gerstenberg Verlag

Nachdem wir die beiden Tulpen gefaltet haben, schneiden wir uns die Blätter und die Stiele zu und kleben die Blume auf unser Zeichenpapier. Nun malen wir mit dem grünen Wachsmalstift Strich für Strich das Gras darauf.

In meinem Garten   (mündlich überliefert)

In meinem Garten, da sitzt ein Amselchen,
der schwarze Peter, der singt so schön.
Singt immer tirilirilit, und ich sing leise mit,
singt immer tirilirilit, und ich singe mit.

Er singt vom Frühling, von bunten Blumen,
vom grünen Rasen, vom Sonnenschein.
Singt immer...

Melodie: Am Weihnachtsbaume
Daumen und Zeigefinger bilden den Schnabel, bei „tirilirilit" wird er auf- und zubewegt.

Steigt ein Büblein   (Weise volkstümlich)

Steigt ein Büb- lein auf den Baum, hoch, so
hoch, man sieht es kaum. Hüpft von Ast zu
Äst- chen, guckt ins Vo- gel- nestchen. Hei, da lacht es, hei, da kracht es,

74

plums,   da   liegt   es   un⁻   ten.

Spielvorschlag:
Die linke Hand wird mit gespreizten Fingern hochgehoben (Baum),
die rechte Hand klettert am Baum empor. Bei „hüpft von Ast..." tippt
die rechte Hand die Fingerspitzen der linken Hand an, dann formt sich
die linke Hand zu einem Nest, zum Schluß fällt die rechte Hand her-
unter – die linke bleibt oben.

Vogel im Nest

Material: DIN-A4-Zeichenpapier, Wachsmalstifte, Klebe

Mit verschiedenfarbigen Wachsmalstiften beginnen wir von der Mitte
aus Kreise zu malen, sie können sich auch überschneiden, dabei singen
wir:

Und rund herum
und rund herum
und rund herum herum.
oder: „Kommt ein Vogel geflogen..."
Das ist eine schöne Schwungübung für die Kleinen, es lockert ihr Handgelenk. Ist das Nest groß genug, malen wir einen vorgezeichneten Vogel an, schneiden ihn aus und kleben ihn ins Nest.
Die 2jährigen malen ihrer Motorik entsprechend Krakeleien, Schlängellinien und Spiralen, aber mit dieser Beschäftigung wird ihre Feinmotorik geübt.

Vogel mit Federn

Material: helles Kartonpapier, Wachsmalstifte, Federn, Klebe

Wir malen einen vorgezeichneten Vogel bunt an, schneiden ihn aus und kleben dann von beiden Seiten die Federn dagegen.

Osterhäschen (mündlich überliefert)

Ost- er- häs- chen, Schnup- per- näs- chen, leg uns was

in das Gras vie- le Ost- er ei- er.

1. Osterhäschen, Schnuppernäschen,
   leg uns was in das Gras,
   viele Ostereier.

Robert Fisker, Svend Otto S.
Der kleine Spatz
Heye Verlag

2. Osterhäschen, Schnuppernäschen,
   du allein machst so fein
   bunte Ostereier.

3. Osterhäschen, Schnuppernäschen,
   alle Leut' haben Freud'
   an der Osterfeier.

Lieber, guter Osterhas'

(mündlich überliefert)

Lie- ber, gu- ter Ost- er has' leg uns Ei- er

in das Gras. Ro- te, grü- ne, gel- be Ei- er,

für die schö- ne Ost- er- fei- er. Lie- ber, gu- ter

Ost- er- has' leg uns Ei- er in das Gras.

Lieber, guter Osterhas', leg uns Eier in das Gras.
Rote, grüne, gelbe Eier für die schöne Osterfeier.
Lieber, guter Osterhas', leg uns Eier in das Gras.

Lieber, guter Osterhas', bring den braven Kindern was.
Hinter Erlen, hinter Buchen wollen wir die Eier suchen.
Lieber, guter Osterhas', bring den braven Kindern was.

Fingerspiele zur Osterzeit

(mündlich überliefert)

Fünf Männer sind in den Wald gegangen,
sie wollten den Osterhasen fangen.
Der erste war sooo dick, er kehrte gleich wieder um.
Der zweite setzte sich ins Gras und fragte nur, wo ist der Has'?

Der dritte war der Längste, aber auch der Bängste.
Der vierte fing gleich an zu schrein und kehrte wieder heim.
Der fünfte war der Kleinste, er fing den Has' und hat ihn mit nach
Haus gebracht, da haben alle fürchterlich gelacht.

Es war in einem Dorfe,
da gab es einen Sturm,
da zankten sich fünf Hühnerchen   ,
um einen Regenwurm.
Und als kein Wurm mehr war
zu sehn,
da sagten alle „piep",
da hatten sich fünf Hühnerchen
einander wieder lieb.
Osterhasenmama
und Osterhasenpapa
malen bunte Eier an
und legen sie in Nestchen dann.
Hast du das Nest endlich
gefunden,
sind die Hasen schon
verschwunden.

Wind blasen,
die Finger einer Hand kribbeln
und
krabbeln auf der anderen Hand
(Wurm), den „Wurm" verstek-
ken.

Die Finger der „Hühnerchen" zur
Faust formen und streicheln.
Zeigefinger und Mittelfinger
beider Hände hochstellen.
Mit den Händen Eiform zeigen.
Nestchen mit den Händen
formen.

Hasen hinter dem Rücken
verstecken.

Auf unserem Rasen,
da saßen zwei Hasen.
Sie hüpften hin, sie hüpften her,
das Nestchenbauen fiel ihnen
nicht schwer.
Dann legten sie Eier hinein,
für dich und für mich,
und liefen fort und
versteckten sich.
Du kamst in den Garten,
hast die Eier entdeckt
und dich leis' gefragt,
wer hat die denn versteckt?

Zeigefinger und Mittelfinger
hochstellen (Hase).
Nestchen mit den Händen
formen.

Mit den Händen Eiform zeigen.
Hasen verstecken.

Magrit Evers

Das Schaf und das Lämmchen (Vorspielgeschichte)

Es spielen mit: 1 Schaf
1 Lämmchen
1 Baum
1 Osterei
1 Glöckchen

Ein Schaf stand auf der Wiese, dicht an einem Baum.
„Mäh, mäh, warum bin ich nur so allein,
es müßte ein Lämmchen bei mir sein."
Und als der Frühling naht' heran,
bekam es ein kleines Lamm.
Es schenkte ihm ein Glöckchen,
ein ganz kleines,
das gab einen Ton, einen hellen, feinen.
Das Schaf fraß Gras, das Lämmchen auch,
doch dann lief das Kleine fort und versteckte sich hinter
einem Strauch!
Die Mutter rief: „Mäh, mäh, wo ist mein Kind,
ich hab es doch so lieb."

Sie schaute hier, sie schaute dort,
doch es war an keinem Ort.
Auch das Glöckchen hörte es nicht mehr,
da war es traurig und weinte sehr.
Dann fand es das Glöckchen dicht an einem Baum
und dachte sich ganz im geheim',
das Lämmchen muß doch irgendwo sein.
Es entdeckte ein großes Osterei
und hörte dort ein jämmerliches Schrein.
Mäh, mäh, mäh!
Die Mutter fand das Kind und war sehr froh,
doch gab sie dem Lämmchen auch etwas auf den Po.
„Geh nicht so weit fort, bleib nah bei mir,
wir fressen Gras und bleiben hier.
Mäh, mäh, mäh!"

Schaf und Lämmchen

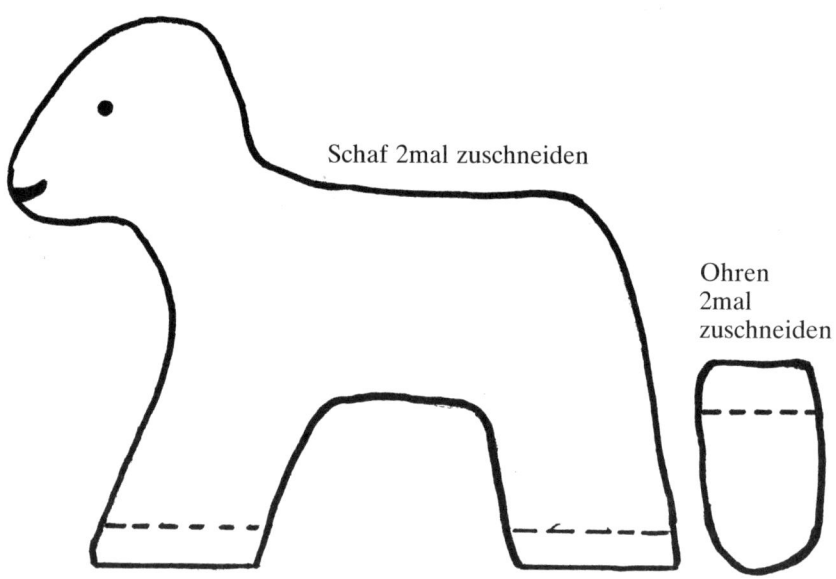

Schaf 2mal zuschneiden

Ohren
2mal
zuschneiden

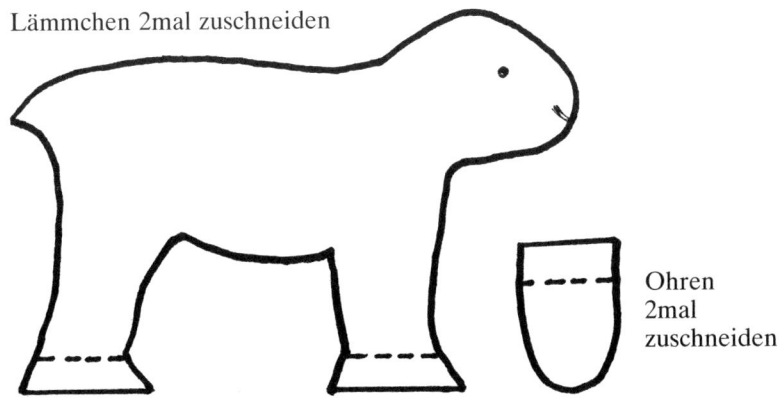

Lämmchen 2mal zuschneiden

Ohren
2mal
zuschneiden

Material: Pappe, Naturwolle, Klebe, Schere, schwarzer Filzstift

Wir schneiden uns das Schaf und das Lämmchen aus Pappe zu und kleben jeweils die zwei Pappschafe bis zu den gestrichelten Linien an den Füßen zusammen, an diesen Linien wird die Pappe nach außen geknickt. Die Ohren kleben wir links und rechts an. Mit einem schwarzen Filzstift malen wir Augen auf. Das Gesicht, die Ohren und die umgeknickten Füße werden nicht mit Wolle beklebt, den Rest des Körpers bestreichen wir mit Klebe und drücken von beiden Seiten die Naturwolle vorsichtig an.

Osterkarte

Material: 1 einfache Briefkarte von 21 cm Seitenlänge, Schere, Farbstifte, Bleistift

Wir markieren auf der Karte die Mitte mit einem Bleistift und zeichnen in die Mitte der Karte ein Osterei hinein, die obere Hälfte des Eies schneiden wir aus und falten dann die Karte an der Mittellinie so, daß das Osterei nicht geknickt wird. Nun können wir das Ei verzieren und unseren Kartengruß hineinschreiben.

81

Eier anmalen

Material: Stricknadel, Korken, Fingerfarbe oder Tuschkasten, Pinsel, ein ausgepustetes Ei

Wir stecken den Korken an ein Ende der Stricknadel und ziehen die Nadel durch die beiden Löcher des Eies, bis es auf den Korken fällt. Nun können wir, am Korken angefaßt, das Ei antuschen oder mit Fingerfarbe anmalen, ohne die Hände zu beschmutzen.

Eier aus Pappe

Bei vielen kleinen Kindern ist das Pappeianmalen beliebter, weil das Pappei griffiger ist.

Material: Kartonpapier, Schere, Bleistift, Farbstifte, Fingerfarbe oder Tuschkasten, Pinsel

Wir malen uns auf Kartonpapier zwei gleich große Eier auf, schneiden sie aus und malen oder tuschen sie von beiden Seiten an. Nach dem Trocknen der Farbe schneiden wir ein Ei von oben bis zur Mitte ein, das andere Ei von unten bis zur Mitte und schieben die beiden Eier ineinander. So haben wir ein plastisches Ei für den Osterstrauß.

Das quadratische Kästchen

Kleine Kästchen braucht man zu allerlei schönen Dingen. Mit einem Bügel versehen, kann man sie auch als Osterkörbchen nehmen.
Man nimmt dazu möglichst starkes Papier oder farbiges Tonpapier. Das quadratische Blatt bricht man zuerst in den beiden Diagonalen. Dann klappt man es wieder auf und bricht die vier Spitzen so, daß sie auf den Mittelpunkt zu liegen kommen. Jetzt faltet man das neuentstandene Quadrat noch einmal von oben und unten waagerecht zur Mitte, so daß die obere und die untere Kante auf der Mittellinie liegen und die Spitzen verdeckt werden. Diese beiden Seiten klappt man wieder auf und wiederholt dasselbe mit den rechten und linken Seitenteilen. Wenn man nun das ganze Blatt wieder völlig auseinanderfaltet, hat man lauter kleine Quadrate bekommen, wie es die Abbildung 1 zeigt. Man schneidet die dick gezeichneten Linien ein, legt den oberen und unteren Zipfel auf den Mittelpunkt und stellt die

Kästchenwände hoch. Die beiden freiliegenden Spitzen legt man so über die linke und rechte Seitenwand, daß alle vier Spitzen in die Mitte des Schachtelbodens zu liegen kommen.

Den Deckel dazu faltet man genauso aus einem etwas größeren Quadrat. Ganz reizend wird die Geschichte, wenn man die Quadrate immer ein klein wenig kleiner oder größer nimmt. Dadurch bekommt man Schachteln, die man ineinanderstellen kann. Ein netter Geschenkscherz ist es, wenn man in das kleinste Kästchen eine Überraschung legt und dieses Kästchen in zehn andere stellt. Der Beschenkte hat dann eine ganz schöne Arbeit, ehe er alle Kästchen geöffnet und zuletzt schließlich doch eine kleine Überraschung gefunden hat.

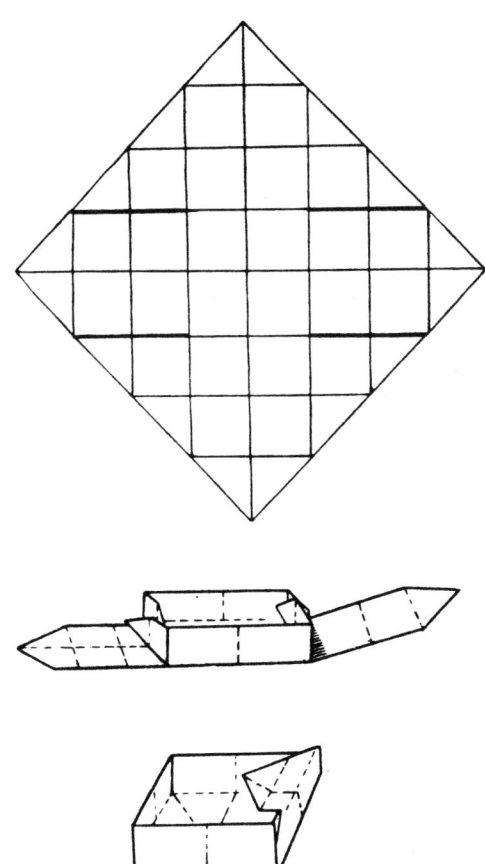

Küken im Reisigkranz

Material: mehrere Zweige Birken-, Buchen-, oder Kätzchenreisig, gelbes Kartonpapier, zwei gelbe Wattebausche, Filzstifte, Klebe, Draht, Bindfaden, gelbes Schleifenband, Vorlage für das Küken siehe Küken aus dem Ei

Das Reisig wird mit Draht an den Enden umwickelt. Wir erhalten so einen ovalen Kranz. Wir übertragen das Küken auf gelbes Kartonpapier und schneiden es aus. Wir malen den Schnabel und die Augen an und kleben auf beiden Seiten einen gelben Wattebausch auf den Bauch des Kükens. Nun ziehen wir einen Faden durch den Kopf des Kükens und befestigen es am Reisigkranz. Um die mit Draht umwickelten Enden binden wir eine gelbe Schleife und ziehen noch einen dünnen Faden zum Aufhängen durch.

Ostergeschichte zum Vorspielen

Der Hase und das Ei

Es spielen mit: 1 Hase
1 Küken im Ei
1 Aufziehküken
1 Baum

84

Auf einer Wiese, dicht an einem Baum, saß ein Hase.
„Ach, ich bin ja so allein, es müßte jemand bei mir sein!"
Da entdeckte er im Grase ein Ei.
„Ich werde es anmalen, und dann mache ich mich fein
und gehe zu den Kinderlein."
Doch als er das Ei rührte an, ließ er es beinahe wieder fall'n.
Er hörte ein Klopfen und Pochen darin,
doch dann zerbrach das Ei
und ein Küken wurde frei.
Das Küken war noch recht klein,
doch der Hase ließ es nicht allein.
Er suchte Würmer und Körner für seinen Freund.
Das Küken wuchs heran, es wurde groß,
doch der Hase ließ es nicht mehr los.
Es hüpfte hin, es hüpfte her,
der Hase in seiner Freude immer hinterher.
Sie sind Freunde geblieben seit jener Zeit,
und der Hase hat es nicht bereut.
Zu jedem Osterfest schenkt das Huhn ihm Eier,
der Hase malt sie an und gibt sie an die Kinder dann.

Küken im Ei

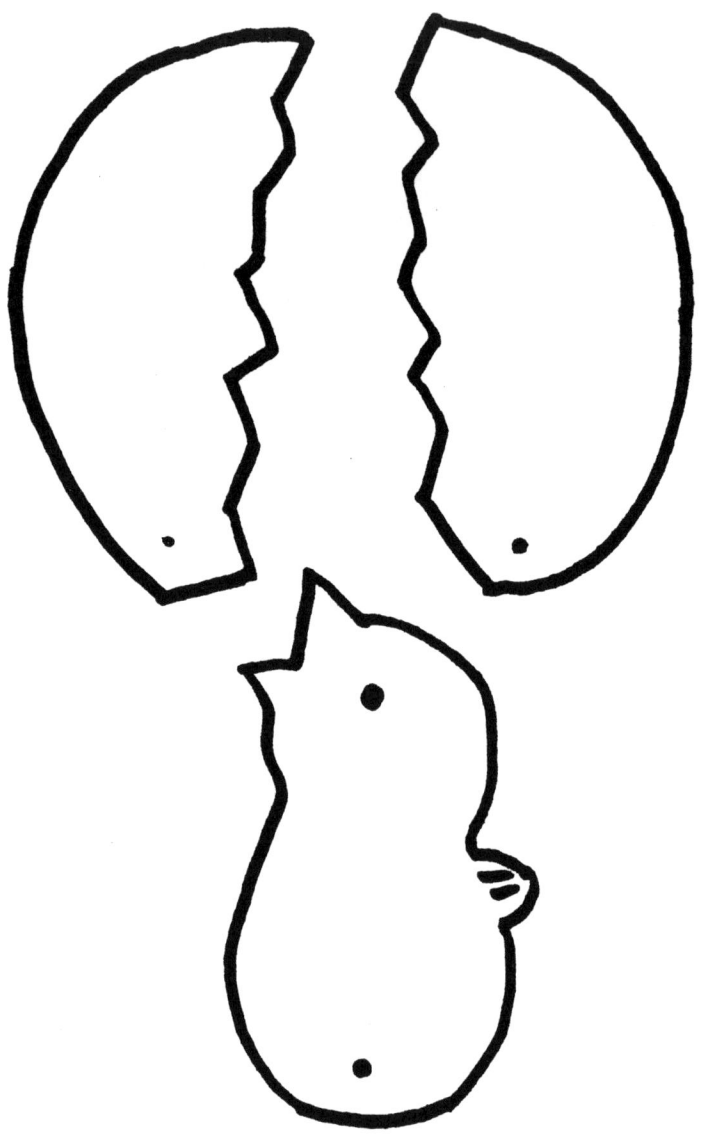

Anleitung zum Küken im Ei

Material: weißes Kartonpapier, gelbes Kartonpapier, Farbstifte, Musterklammer

Wir übertragen das Ei auf weißes Kartonpapier und das Küken auf gelbes, schneiden es aus und malen den Schnabel und die Augen des Kükens an. Die vorgezeichneten Löcher stechen wir mit einer Nadel durch und stecken dann durch die beiden Eihälften und das Küken die Musterklammer.

Baum aus einer Papierrolle

Material: Toilettenpapierrolle, braunes Buntpapier, grünes Kreppapier, Klebe

Die Toilettenpapierrolle umwickeln wir mit dem braunen Papier und kleben es fest. Ein Streifen grünes Kreppapier wird mehrfach eingeschnitten und in die Rolle gesteckt.

Grüße zum Muttertag

Der Kartengruß

Material: 1 einfache Briefkarte von 21 cm Seitenlänge, Schere, Farbstifte und Bleistift

Wir markieren auf der Karte die Mitte mit einem Bleistift und zeichnen in die Mitte der Karte eine Blume hinein, so, daß die unteren Blütenblätter auf die Mittellinie stoßen. Die Blüte schneiden wir aus, aber nicht an der Mittellinie, denn sonst knickt sie beim Falten nach hinten weg. Jetzt falten wir die Karte zur Mitte so, daß die Blüte nicht geknickt wird, und malen die Blume an, schreiben einen kleinen Gruß darauf und senden oder überreichen sie unserer Mutter zum Muttertag.

Beim Überreichen eines Blumenbildes können die Kinder einen kleinen Vers sprechen:
Diese Blume will Dir sagen:
Ich wünsch Dir Glück
an allen Tagen!

Das Stiefmütterchen

Ein Gruß zum Muttertag

Material: 1 rechteckiger Pappteller, Fingerfarbe, Pinsel Nr. 8, gepreßte Stiefmütterchen, Klebe

Ca. 14 Tage vor Anfertigung dieses Bildes pressen wir ein Stiefmütterchen, indem wir es zwischen eine Zeitung legen und diese mit einem Gegenstand beschweren. Den rechteckigen Pappteller malen wir im Borstenpinseldruck an. Wir tauchen den Pinsel immer wieder in grüne Fingerfarbe und drucken ihn dicht an dicht auf den Teller. Nach dem Trocknen der Farbe kleben wir unser Stiefmütterchen auf.

Marienkäfer als Kartengruß

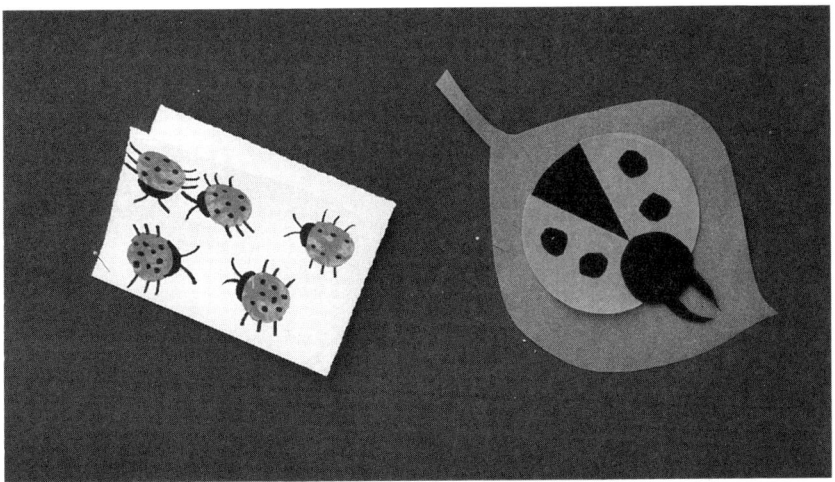

Material: 1 doppelte Briefkarte, rote Fingerfarbe auf einem Teller, schwarzer Filzstift, Korken

Wir tupfen den Korken in die rote Farbe und drucken ihn auf die Karte, nach jedem Druck tupfen wir den Korken erneut in die Farbe, somit erhalten wir kräftige Abdrucke. Nach dem Trocknen der Farbe malen wir mit einem schwarzen Filzstift Punkte, Beine, Kopf und Fühler an jeden Abdruck.

Marienkäfer auf einem Blatt

Material: grünes, rotes und schwarzes Tonpapier, schwarzer Farbstift, Klebe, Schere

Aus dem grünen Tonpapier schneiden wir ein Blatt zu. Dann schneiden wir zwei gleich große Kreise aus dem schwarzen und roten Papier und einen kleineren als Kopf aus dem schwarzen zu. Die Fühler schneiden wir aus den Reststücken zu. Den roten Kreis halbieren wir und kleben ihn als Flügel auf den großen schwarzen, nun kleben wir die Fühler an und setzen den Kopf oben an den Körper. Zum Schluß versehen wir unseren Käfer mit schwarzen Punkten und kleben ihn auf das Blatt.

Sommer

2. Von Angelspielen, lustigen Seefahrten und einer Windmühle

Die warmen Sommertage laden zum Feiern im Garten oder einem Picknick im Grünen ein.

Abenteuerlich für die Kleinen ist bei solchen Festen immer wieder eine *Schatzsuche:* Auf dem Spielplatz oder im Garten in der Sandkiste werden von einem Erwachsenen kleine Schätze im Sand vergraben, die die Kinder dann suchen müssen. Hierbei stellt sich die Frage, was ist ein Schatz, z. B. kann man leere Filmdosen mit Kleinigkeiten füllen: Muscheln, kleinen Glitzersteinen, Luftballonen usw.

Aber auch die nachfolgenden *Angelspiele* können auf dem Fest ein kleiner Höhepunkt sein.

Einladung zum Sommerfest

Material: 1 doppelte Briefkarte, Buntpapier, Bleistift, Schere, Klebe, Farbstifte

Wir falten 1 langen Streifen Buntpapier zur Ziehharmonika, malen unsere Figur darauf und schneiden sie so aus, daß die Hände an den Bruchkanten nicht durchschnitten werden (siehe Zeichnung). Nun können wir sie auf unsere Karte kleben und die Einladung dazuschreiben.

Fische fangen

Der Fischer

Ich hab gefischt, ich habe gefischt,
ich hab die ganze Nacht gefischt
und hab nicht einen Fisch erwischt!

Auf den Tisch wird mit Kreide ein großer Fischteich gezeichnet. Alle Kinder lassen ihre Hände als Fische im Teich herumschwimmen. Der Spielleiter oder ein Kind ist der Fischer, während der Vers gesprochen wird, kreist eine Hand des Spielleiters als Angler über den Fischen. Bei der letzten Zeile „... und hab nicht einen Fisch erwischt" ziehen alle Kinder ihre Hände ein. Gelingt es dem Fischer, eine Hand zu erwischen, muß derjenige Angler sein.

Fischangelspiel

Material: Zeichenpapier, Bleistift, Wachsmalstifte, Schere, Büroklammern, Hufeisenmagnet als Angel, Karton als Aquarium

Wir malen Fische, Aale, Quallen, Seesterne, Frösche und als Nieten Schuhe, Kaffeekanne und Tassen auf Zeichenpapier auf, malen die Gegenstände an, schneiden sie aus und befestigen eine Büroklammer daran.

Nun verzieren wir unseren Karton von außen mit Fischen, Seesternen und Algen – das ist unser Aquarium. Hier hinein legen wir unsere Meerestiere und Gegenstände, nun kann das Angeln beginnen.

Spielvorschlag:
Wer dreimal geangelt hat und dabei einen Fisch an Land gezogen hat, darf sich einen Gegenstand als Preis aussuchen (z. B. Luftballon, Muschel, Stein, Bonbon usw.).

Leo Lionni
Swimmy
Verlag Middelhauve

92

Das Angelspiel aus Filmdosen

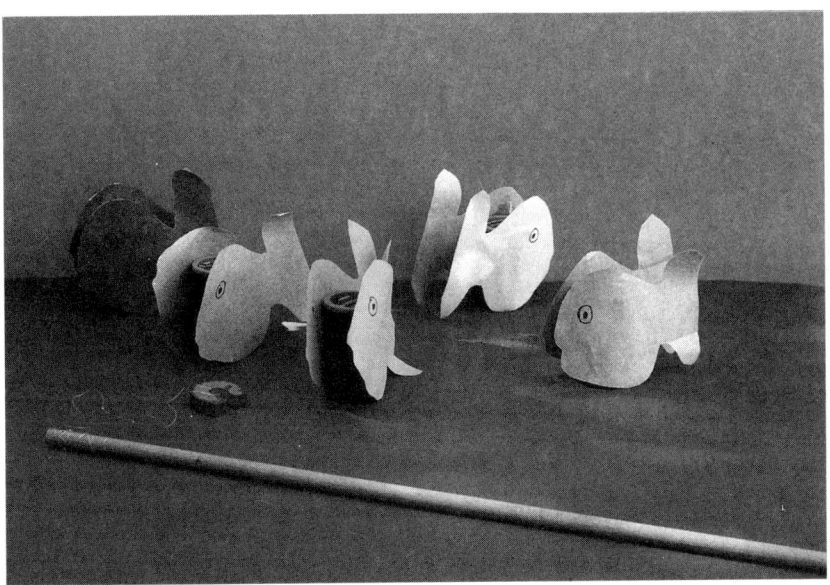

Material: leere Filmdosen, Büroklammern, Klebe, Buntpapier, Hufeisenmagnet als Angel

Dieses Angelspiel eignet sich für kleine Feste oder eine Geburtstagsfeier, denn in der Filmdose kann man eine kleine Überraschung (Luftballon, Bonbon, usw.) verstecken.

Aus Faltpapier oder quadratischem Buntpapier von 10 cm Kantenlänge schneiden wir Fische zu und kleben jeweils 2 Fische gegen die Dose. Oben auf den Deckel kleben wir 1 Büroklammer, mit einer magnetischen Angel lassen sich die kleinen Fische ganz leicht angeln.

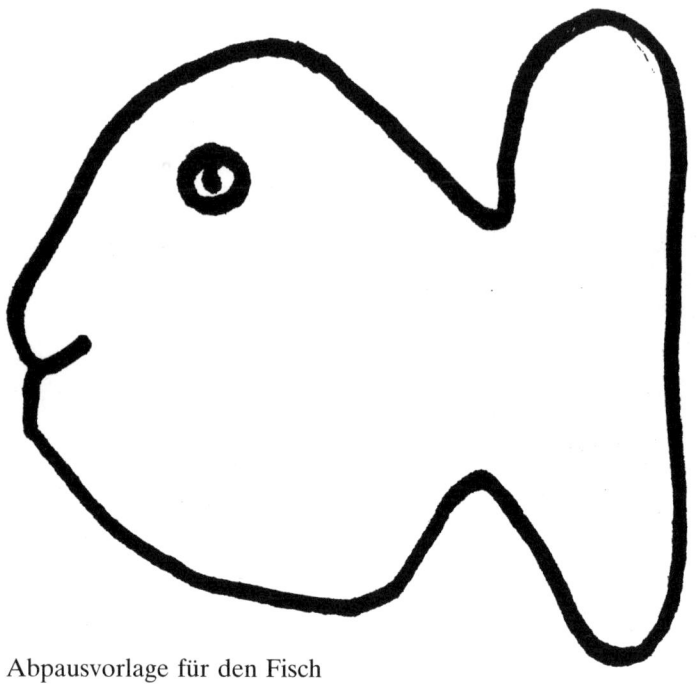

Abpausvorlage für den Fisch

Farbspiele zum Angeln und Würfeln

Das Angelspiel mit farbigen Deckeln

Material: viele Marmeladenglasdeckel, Fingerfarben Rot, Gelb, Blau und Grün, Pinsel, Hufeisenmagnet als Angel

Wir bemalen ungefähr jeweils fünf Marmeladenglasdeckel mit den Farben Rot, Gelb, Blau und Grün. Drehen wir nach dem Trocknen die Deckel um, lassen sich mit der magnetischen Angel verschiedene Spiele durchführen.

Spielvorschlag 1:
Wir decken einen roten, gelben, blauen und grünen Deckel auf, die anderen Deckel werden geangelt und der Farbe entsprechend zugeordnet.

94

Spielvorschlag 2:
Jedes Kind darf dreimal angeln und benennt die Farben, die es geangelt hat.

Spielvorschlag 3:
Jedes Kind darf dreimal angeln, wenn eine rote Farbe dabei ist, darf es sich einen Preis aussuchen (z. B. Luftballon, Nüsse, Bonbon usw.).

Das Würfelspiel mit farbigen Joghurtbechern

Material: 4 Joghurtbecher, Fingerfarben Rot, Gelb, Blau und Grün, Pinsel, großer Farbwürfel

Wir bemalen den Boden der Joghurtbecher von außen jeweils mit einer Farbe. Unter diesen Bechern verstecken wir einen kleinen Gegenstand. Nun würfeln wir und dürfen den Becher mit der entsprechenden Farbe aufdecken, Weiß und Schwarz auf dem Würfel sind Nieten, zeigt unser Würfel diese Farben, dürfen wir noch einmal würfeln.

Farbenspiele

Wir sitzen im Stuhlkreis und werfen uns untereinander einen Ball zu. Das Kind, welches den Ball wirft, fragt: „Welche Farbe magst du gern?" Das Kind, das den Ball fängt, nennt seine Lieblingsfarbe und stellt erneut die Frage.

Für etwas ältere Kinder eine Variante:
Das Kind, das den Ball wirft, nennt eine Farbe, und der andere muß dann schnell irgendein Ding nennen, das diese Farbe hat. Z. B. „Blau!" – „Das Meer!" – „Rot!" – „Die Erdbeere!" usw.

Schiffchen auf der blauen See

(mündlich überliefert)

Schiff- chen auf der blau- en See ha- ste für mich kein

Sitz- plätz- chen mehr. Der Tor- ben, der soll stei- gen ein,

ach, wird die Rei- se fein.

Schiffchen auf der blauen See,
haste für mich kein Sitzplätzchen mehr?
(Der Torben), der soll steigen ein,
ach, wird die Reise fein.

Schiffchen auf der blauen See,
haste für mich kein Sitzplätzchen mehr?
Wir alle, wir soll'n steigen aus,
drum eilet schnell nach Haus.

Spielvorschlag:
Ein Kind sitzt in der Kreismitte als Kapitän, es holt sich nacheinander die Kinder ins Schiffchen hinein.

Auf der Donau woll'n wir fahren

(mündlich überliefert)

Auf der Donau woll'n wir fahren,
wo das Schiffchen sich dreht,
und das Schiffchen heißt (Monika),
und die (Monika) fährt mit.
Melodie: Kommt ein Vogel geflogen

Spielvorschlag:
Das Kind, welches ins Schiffchen einsteigt, wird von zwei Müttern in einer Wolldecke geschaukelt, und dabei sprechen wir:

Mein Schifflein schaukelt hin und her.
Es segelt weit ins blaue Meer.
Schaukle hin, schaukle her,
schaukle Schifflein durch das Meer.

Eine Seefahrt, die ist lustig

Dampfer aus Eierkarton – ein Spielzeug für die Kleinen und Großen

Material: Eierkartonboden, Schachteln, Toilettenpapierrollen, Watte, Fähnchen, Fingerfarben und Klebe

Die Innenfläche des Eierkartons, die Schachteln und Papierrollen mit Fingerfarben anmalen und nach dem Trocknen zu einem Dampfer zusammenkleben.

Gerne setzen die Kinder noch kleine Figuren als Kapitän hinein. Der Dampfer kann für begrenzte Zeit sogar schwimmen. Befestigen wir ein langes Band am Schiff und am anderen Ende eine Toilettenpapierrolle, so können wir auch im Zimmer unser Schiff „schwimmen" lassen, indem wir das Band um die Papierrolle wickeln.

Ahoi – wir segeln!

Ein Segelschiff zum Spielen, als Fensterschmuck oder eine schöne Tischdekoration.
    Material: Faltpapier oder farbiges Papier 20 × 20 cm groß, Schere, Fähnchen und Klebstoff

Wir nehmen Faltpapier oder schneiden uns aus farbigem Papier Quadrate, die 20 x 20 cm groß sind, zu. Wenn das Papier nur von einer Seite bunt ist, klebt man zwei Quadrate gegeneinander oder legt die farbige Seite nach innen, dann hat man ein weißes Segel. Faltet man genau nach den Zeichnungen 1–7, so hat man ein schnittiges Segelschiff. Zum Schluß können wir noch ein Fähnchen in beliebiger Größe ans Segel kleben. Servietten so gefaltet, können ein schöner Tischschmuck sein.

Faltanleitung für das Segelschiff (Nr. 1)

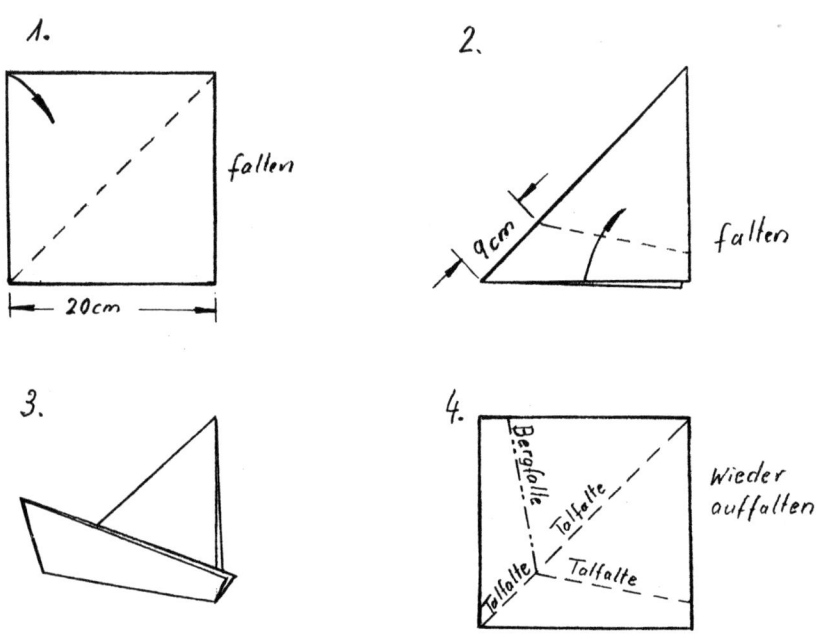

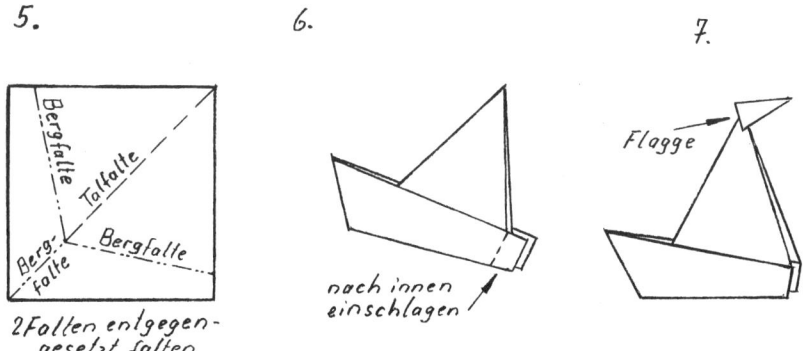

5.

Bergfalte
Talfalte
Berg.-falte
Bergfalte

2 Falten entgegen-
gesetzt falten

6.

nach innen
einschlagen

7.

Flagge

Das Papierschiffchen (Nr. 2)

Zunächst faltet man ein rechteckiges Stück Schreibpapier, besser ist natürlich Wachs- oder Pergamentpapier, genauso wie den Papierhut (siehe Papierhut). Dann schlägt man den geöffneten Hut in der Mitte zusammen, so daß die vordere und die hintere Spitze des Hutes nach unten aufeinander zu liegen kommen. Nun bricht man die beiden Spitzenhälften nach vorn und hinten hoch. Jetzt hat man wieder einen Hut, der allerdings viel kleiner und doppelt so stark ist. Wieder legt man den geöffneten Hut in der Mitte so zusammen, daß die vordere und hintere Spitze des Hutes nach unten aufeinander zu liegen kommen. Nun faßt man mit den Fingerspitzen die beiden oberen, etwas abstehenden Spitzen und zieht das gefaltete Papier einfach auseinander. Das Schiffchen steht vor uns. Nun fährt man mit dem Finger in die untere Öffnung und weitet sie ein wenig, damit das Schiffchen gut auf dem Wasser liegt.

Auf diese Weise kann man sich schnell eine ganze Flotte kleinerer und größerer Schiffchen bauen.

Gerne setzen die Kinder noch kleine Figuren als Kapitän hinein. Haben wir es aus Wachs- oder Pergamentpapier gefaltet, so kann es sogar schwimmen.

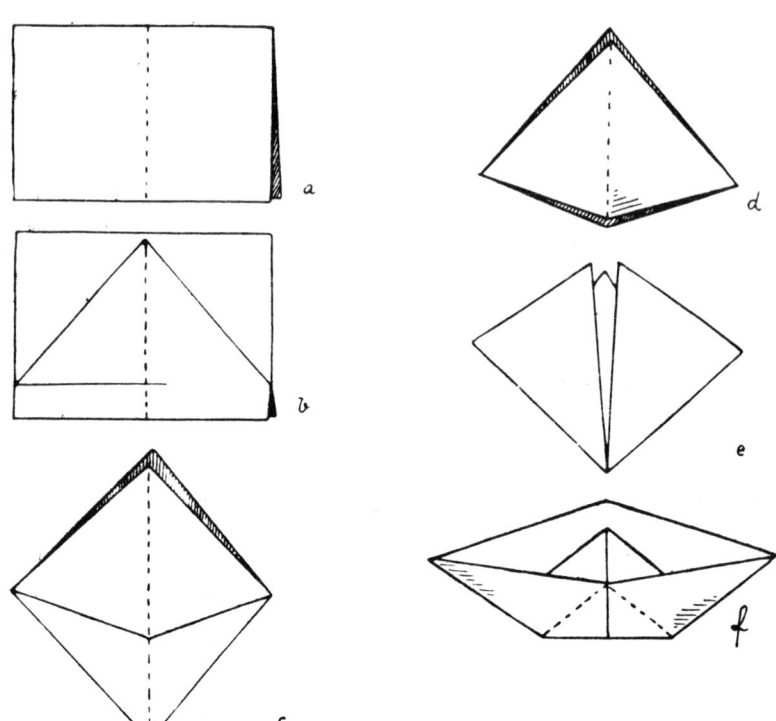

a

b

c

d

e

f

Segelschiff auf dem Meer

Material: Zeichenpapier DIN A 4, Fingerfarben Blau und Weiß, buntes Papier 10 × 10 cm, ein kleines Dekorationsfähnchen, Borstenpinsel Nr. 8, Schere und Klebe

Das Wasser ist ein Borstenpinseldruck aus blauer Farbe, der Pinsel wird immer wieder in die Farbe getaucht und dicht an dicht auf das Papier gedruckt, bis das Blatt einen blauen Untergrund hat. Nun reinigen wir den Pinsel, tauchen ihn dann in weiße Farbe und drucken vereinzelt weiße Schaumköpfe darauf. Während das Bild trocknet, falten wir unser Segelschiff aus einem quadratischen Stück farbigem Papier. Das Quadrat 10 × 10 cm wird zu einem Dreieck gefaltet und an der Bruchkante durchgeschnitten. Nun haben wir 2 Dreiecke, das eine ist das Segel, und aus dem anderen falten wir das Boot, indem wir die Spitze des Dreiecks an die Grundlinie legen und feststreichen. Wenn das Wasser getrocknet ist, kleben wir das Segelschiff auf und verzieren es mit einem kleinen Fähnchen. Die 2jährigen malen natürlich das Wasser ganz nach Belieben mit blauer Farbe, und zusammen mit den Erwachsenen kleben sie das Segelschiff hinein.

Wie wär's mit einem Mobile?

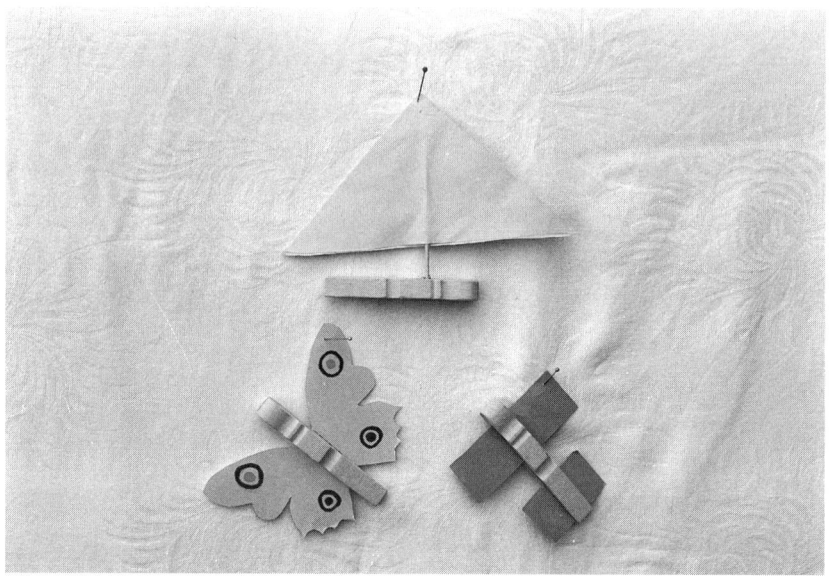

Segelboot aus Wäscheklammern

Material: Wäscheklammern aus Holz, farbiges Papier, Holzstäbchen (Zahnstocher), Knete und Klebe

Die Vertiefungen der glatten Seite von zwei Wäscheklammernhälften werden mit Knete ausgefüllt. Dann klebt man die beiden glatten Seiten zusammen. Aus zwei Dreiecken wird das Segel an den Mast geklebt. Das untere Ende des Mastes wird mit Klebe bestrichen und in das mit Knete gefüllte Loch der Wäscheklammern gesteckt. Fertig ist das Segelschiff. Aus 5 bis 6 Segelschiffchen mit verschiedenfarbigen Segeln kann man ein Mobile machen, indem man einen Faden durch die Spitze der Segel zieht und sie dann an einem knorrigen Zweig aufhängt.

Flugzeug aus Wäscheklammern

Material: Wäscheklammern aus Holz, farbiges Papier und Klebe

Zwischen zwei Wäscheklammernhälften der glatten Seite werden ein ca. 7 cm und ein ca. 4 cm großes rechteckiges Stück farbiges Papier geklebt.

Schmetterling aus Wäscheklammern

Abpausvorlage

Material: Wäscheklammern aus Holz, farbiges Papier, Buntstifte und Klebe

Wir schneiden uns aus farbigem Papier einen Schmetterling zu, bekleben ihn mit bunten Papierschnipseln oder malen Muster darauf und kleben ihn dann zwischen die zwei glatten Wäscheklammernhälften.

Schmetterling aus Pfeifenputzer – für die kleineren Kinder

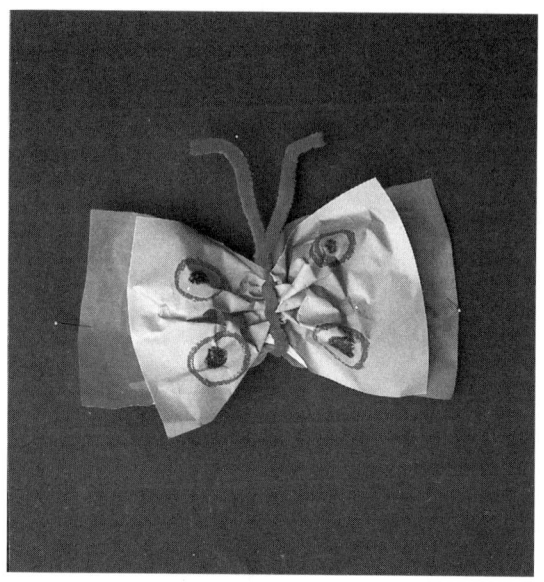

Uns're Mühle

(mündlich überliefert)

Uns'‑re Müh‑ le, die braucht Wind, Wind, Wind, dann

geht sie ganz ge‑ schwind, schwind, schwind!

Uns're Mühle, die braucht
Wind, Wind, Wind,
dann geht sie ganz
geschwind, schwind, schwind!

Spielvorschlag:
Ein Kind und ein Erwachsener im
Wechsel bilden einen Kreis. Zuerst
drehen wir uns langsam, bei „ge‑
schwind" werden die Kinder hochge‑
hoben.

Mühle, Mühle
(mündlich überliefert)

Müh-	le,	Müh-	le,	lauf,	lauf,	lauf,
o-	ben	steht	der	Mül-	ler	drauf,
macht	der	Mül-	ler	bum,	bum,	bum,
fällt	die	gan-	ze	Müh-	le	um!

Gesprochen:
Und dann kommt der Trecker   Hinfallen.
und zieht die Mühle wieder hoch.   Ein Kind ist Trecker.

Die Windmühle

Material: 1 Toilettenpapierrolle, farbiges Papier, 1 quadratisches Stück buntes Papier von 10 × 10 cm, 3 Perlen, 15 cm langen Draht, 1 Zange, 1 Schere, Klebe, eventuell Farbstifte, 1 Becher, der etwas größer als die Öffnung der Papierrolle ist, Milchdosenöffner, Stecknadel

Wir können die Toilettenpapierrolle mit buntem Papier bekleben oder anmalen. Nun falten wir aus dem quadratischen Papier das Windrad (siehe Anleitung). Mit dem Milchdosenöffner piksen wir ungefähr 5 cm vom oberen Rand des Turmes vorne und hinten gegenüberliegend ein Loch in die Rolle, den Draht, an dem das Windrad befestigt ist, ziehen wir da durch und befestigen ihn hinten mit der Perle. Für das Dach brauchen wir einen Kreis aus andersfarbigem Papier, damit es sich vom Windrad abhebt. Hierfür nehmen wir einen Becher, dessen Öffnung etwas größer ist als die der Rolle, ziehen den Rand mit einem Bleistift nach und schneiden den Kreis aus. Vom Rand bis zur Mitte schneiden wir den Kreis ein und legen die beiden Enden so weit übereinander, daß wir ein spitzes Dach erhalten, es muß aber noch größer als die Öffnung der Rolle sein, aber auch nicht zu groß, damit das Windrad sich noch drehen kann. Nun streichen wir den oberen Rand der Rolle mit Klebe ein, setzen das Dach darauf und drücken es leicht fest. Wenn es getrocknet ist, kann sich unsere Mühle im Wind drehen.

Anfertigung des Windrades

Wir falten aus einem quadratischen Stück Buntpapier, das 10 × 10 cm groß ist, unser Windrad. Hierzu legen wir Ecke auf Ecke, öffnen es und falten die beiden anderen Ecken auch aufeinander. Nun schneiden wir die Ecken bis zur Hälfte ein (siehe stark gezeichnete Linie). Dann

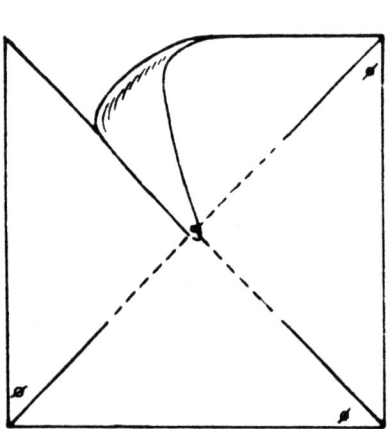
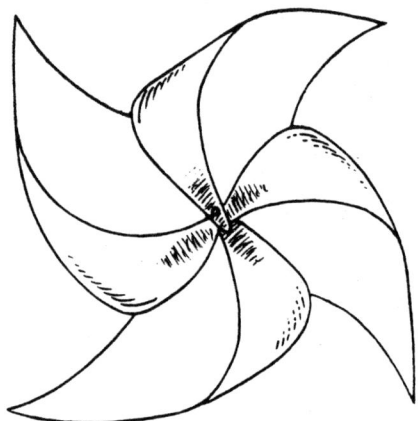

schlagen wir die markierten Spitzen lose zur Mitte ein und stecken die Spitzen vorerst auf eine Stecknadel. Nun befestigen wir vorne an unserem Draht eine Perle, ziehen den Draht durch den Mittelpunkt unseres Windrades, der durch die Stecknadel gekennzeichnet war, und reihen eine zweite Perle auf. Damit ist das Windrad fertig, wir können es jetzt an der Mühle befestigen oder an einem Holzstab. Weht kein Wind, dreht sich das Rädchen auch, wenn wir ein bißchen rennen oder pusten.

Bunte Luftballons

Material: Zeichenpapier, mehrere Fingerfarben, für jede Farbe 1 Korken, Teller für die Farben, Pinsel

Wir füllen die verschiedenen Fingerfarben auf die Teller, tauchen einen Korken in die Farbe und drucken ihn auf unserem Zeichenpapier ab, wenn unser Bild vollbedruckt ist, malen wir mit dem Pinsel das Band an die Korkdrucke.

Die kleineren Kinder drucken mit dem Korken nur die Luftballone.

107

Die Nadel sagt zum Luftballon

„Du bist rund,
ich bin spitz.
Jetzt machen wir beide
einen Witz.
Ich weiß ein lustiges
Schnettereteng:
Ich mache pick,
und du machst peng!"
Josef Guggenmos

Dieser Vers, mit Nadel und Luftballon vorgeführt, ist in jedem Alter
ein Spaß.

Gesichter

Material: Zeichenpapier, Buntpapier, Klebestift, Wachsmalstifte und
Schere

Auf den Werbungen in den Zeitschriften sieht man die unterschiedlichsten Gesichtsausdrücke. Wir betrachten uns im Stuhlkreis die
Gesichter und bestimmen die Ausdrücke: traurig, ernst, fröhlich, wü-

tend usw. Anschließend wird ein großer Bogen Papier in die Mitte des Kreises gelegt, auf dem 4 Kreise gezeichnet sind (Tellerumriß). Für jeden Kreis (Gesicht) werden 2 Augen, 2 Pupillen, 1 Nase und 1 Mund zugeschnitten. Jeder Mund hat eine andere Form. Nun legen wir die Teile so, daß wir 4 unterschiedliche Gesichtsausdrücke erhalten. Anschließend erhält jedes Kind einen Bogen Papier, auf dem 2 Kreise gezeichnet sind, außerdem 4 Augen, 4 Pupillen, 2 verschiedene Münder, und legt die Teile so, daß 2 unterschiedliche Gesichter entstehen. Nun wird alles aufgeklebt, und mit Wachsmalstiften malen wir jedem Gesicht Nase, Haare, Wangen und Augenbrauen.

Der Apfelbaum

Material: Zeichenpapier, rote und grüne Fingerfarbe, Borstenpinsel, Bleistift

109

Wir skizzieren einen Baum, die braune Farbe des Stammes wird aus Rot und Grün gemischt, die Baumkrone malen wir grün aus und setzen rote Tupfer als Äpfel hinein.

Für die 2jährigen schneiden wir den Umriß eines Baumes aus und lassen sie die roten Äpfel hineinmalen oder mit dem Finger oder Korken hineindrucken.

Der Apfel aus Buntpapier

Eine Reiß-Klebe-Technik

Material: rotes, oranges, gelbes und grünes Buntpapier, Klebe, Bleistift

Wir skizzieren einen Apfel, reißen das Buntpapier gemeinsam mit den Kindern zu kleinen Schnipseln und bekleben damit unseren Apfel.

Zur *Einführung* singen wir ein Lied vom Apfel, z. B.: „In einem kleinen Apfel…" und schauen uns einen durchgeschnittenen Apfel mit dem Kerngehäuse genau an. Natürlich probieren wir auch den Apfel!

Die Eisenbahn

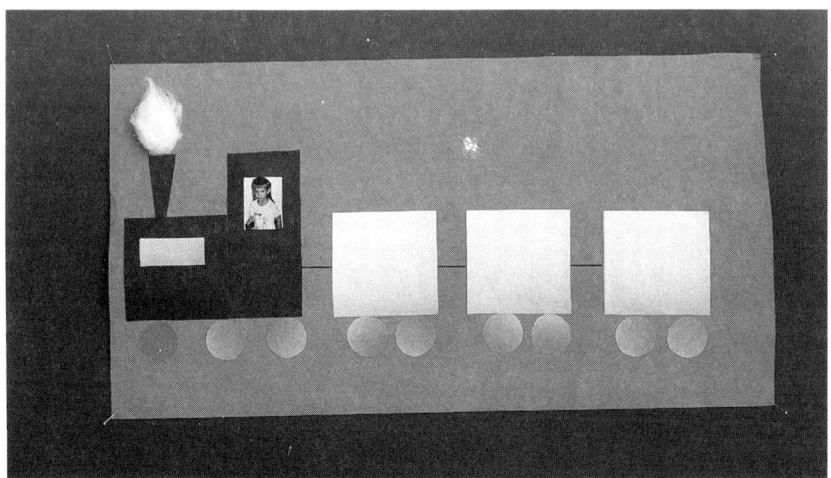

Material: Tonpapier oder Zeichenpapier, Quadrate und Rechtecke aus Buntpapier, kleine Kreise für die Räder, Watte, Klebe, Bleistift, Schere

Wir schneiden uns Rechtecke und Quadrate, Räder und Schornstein zu und kleben alles auf Zeichen- oder Tonpapier zu einem Zug. Die Watte ist der Rauch der Lokomotive, wenn wir noch Fotos von den Kindern haben, so können sie auf die Lokomotive und in die Anhänger geklebt werden.

Ansichtskarten oder Fotos auf Zeichen- oder Tonpapier, zu einem Zug geklebt und mit Rädern versehen, sind eine nette Erinnerung und ein dekorativer Wandschmuck.

3. Von Herbstblumen, Faltdrachen und schönen Laternen

Der Herbst ist sehr vielseitig, er lädt zu einem Spaziergang durch den Park oder eine Wanderung durch den Wald ein. Hier können die Kinder durch das heruntergefallene Laub rascheln, Blätter zum Pressen, Kastanien, Eicheln und Bucheckernhülsen sammeln, um anschließend damit zu basteln. Mit Baumrinden, Moos, Hagebutten und Buchekkernhülsen läßt sich schöner Tischschmuck herstellen, und mit dem farbigen Laub können wir einen Herbstbaum als Wandschmuck anfertigen.

Mit Herbstliedern und Fingerspielen stellen wir Herbststürme, tanzende Blätter im Wind und prasselnden Regen dar.

Mal- und Bastelvorschläge

Herbstblume

Material: 1 Kreis aus Pappe (Bierdeckel oder Partyteller), Fingerfarben in rot, gelb und grün, Borstenpinsel, 1 Streifen farbiges Papier von ca. 9 cm Breite (Länge richtet sich nach dem Umfang des Kreises), Klebe und Schere

Wir mischen die Fingerfarben zu einer braunen Farbe und bestreichen oder betupfen im Pinseldruck unseren Pappkreis damit. Während die Farbe trocknet, falten wir unseren Streifen Papier zur Ziehharmonika und schneiden ca. 2 cm breite und 9 cm lange Blütenblätter zu, sie laufen nach oben spitz zu. Nach dem Tocknen kleben wir die Blütenblätter an unsere Dolde (Pappkreis).

Eine Blume als Tischdekoration

Ein Geburtstagstisch ohne Blumen ist doch nicht schön. Diese Blume kann eine Tischkarte sein, und jeder kann am Ende des Festes seine Blume mit nach Hause nehmen.

Material: zwei 9 × 9 cm große Quadrate, 2 Kreise von 5 cm Durchmesser, Schere, Klebstoff, Zahnstocher, Trinkhalm

Eine Blume als Tischdekoration

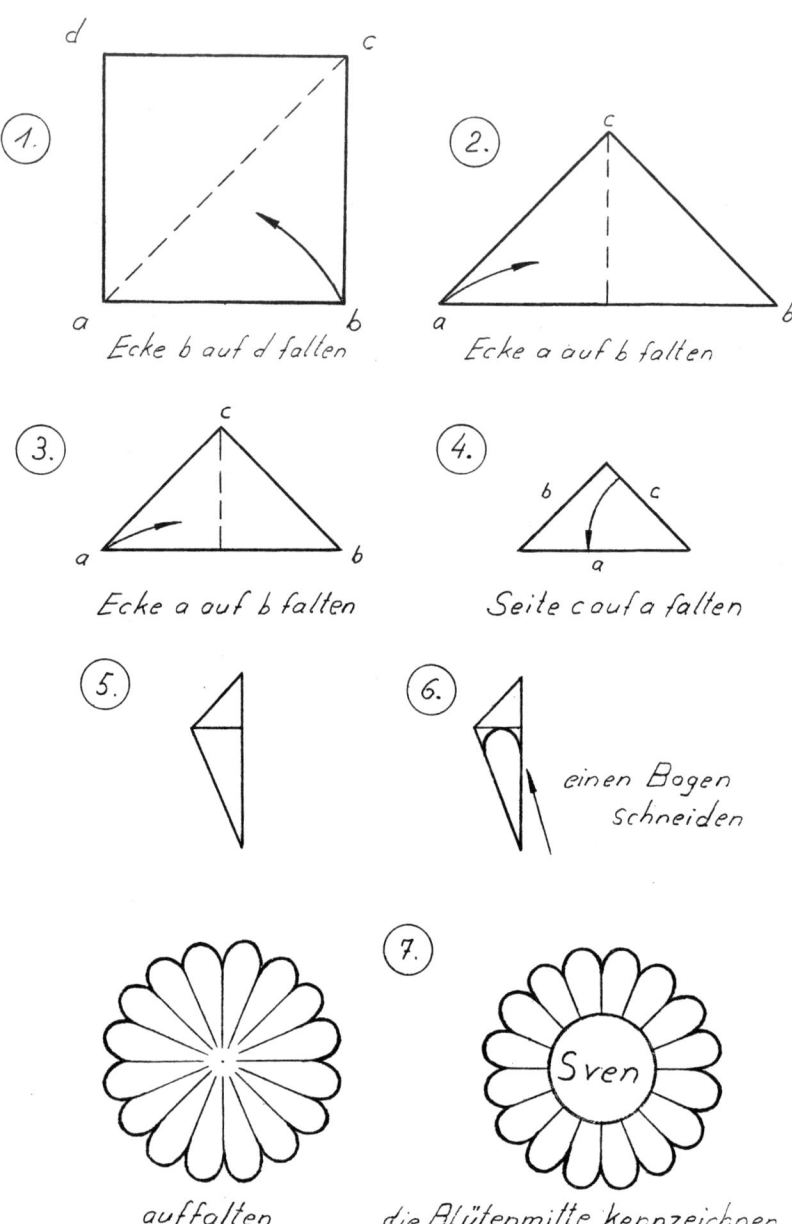

1. Ecke b auf d falten
2. Ecke a auf b falten
3. Ecke a auf b falten
4. Seite c auf a falten
5.
6. einen Bogen schneiden
7. auffalten   die Blütenmitte kennzeichnen

Wir falten die beiden Quadrate, wie die Zeichnungen 1–5 zeigen. Schneiden dann eine Rundung in das gefaltete Papier, öffnen es und erhalten so unsere Blüte. Die Blütenmitte kennzeichnen wir mit einem andersfarbigen Kreis, in den wir auch den Namen unseres Tischgastes schreiben können. Kleben wir nun die zwei Blüten gegen einen Zahnstocher, so ist unsere Blume fertig.

Als Tischkarte oder in einen Trinkhalm gesteckt ist die Blüte vielseitig verwendbar.

Die Herbstblume (eine Aktionsgeschichte)

Hast du im Sommer einmal in den Garten geschaut? Er steht voller Blütenpracht. Die Blumen leuchten in den schönsten Farben. Eine ist so rot wie dein Pullover (entsprechende Kleidung aussuchen), die andere so gelb wie deine Hose, dann leuchtet noch eine so blau wie deine Söckchen, und eine ist ganz weiß, so weiß wie dein Hemd.

Eine Blume möchte schöner sein als die andere, eine jede möchte am meisten bewundert werden. Wenn die Sonne am Himmel strahlt (mit beiden Händen einen Kreis beschreiben), flüstern sie ganz leise: „Wärme mich, damit meine Blüte ganz groß wird (Arme in die Luft strecken) und ich weithin leuchten kann."

Wenn es regnet (mit den Fingerspitzen auf den Tisch klopfen), freuen sich die Blumen auch. „Nun wachse ich noch ein bißchen größer, ich werde bestimmt die größte Blume im Garten werden, schau, wie groß ich schon bin" (auf den Stuhl steigen).

Nur eine Blume hat vorsichtig die Blätter aus der Erde gesteckt, ihre Blüte ist noch in der Knospenhülle, sie kann sich noch nicht entschließen zu blühen. Weiß nicht, welche Farbe sie zeigen soll, alle Farben sind im Garten schon vertreten, auf keinen Fall will sie eine Blume unter vielen sein. Nein, sie will von allen beachtet, bewundert, bestaunt werden.

Eines Nachts wird es ganz kalt (frieren), und des Morgens ist der Garten mit einem weißen Schleier überzogen. Die Blumen lassen ihre Köpfe hängen (nicken mit dem Kopf). Auch die milde Septembersonne am Tage kann sie nicht mehr aufrichten. Nur die Blüte in der Knospenhülle ist geschützt. Ihr hat der Nachtfrost nichts antun können. Jetzt will sie blühen, wie wird ihre Farbe aussehen, wird sie auch weithin leuchten?

Sie strengt sich tüchtig an, wächst und wächst. Sie ist die größte Blume im Garten. Schaut, so groß ist sie (auf den Stuhl steigen und die

Arme heben). Sie wiegt sich sachte im Wind (Arme hin- und herneigen) und entfaltet ein oranges Blütenkleid. So orange wie eine Apfelsine (wieder setzen).

Sie übersteht so manchen Nachtfrost, erst spät im Herbst, als es auch am Tage schon kalt ist und der Wind nur so um die Ecken bläst (pusten), will auch sie schlafen wie alle anderen Blumen auch. Sie schläft ganz fest, hört ihr noch etwas? (Kopf auf die Hände legen und Augen schließen.)

Viele Blumen steh'n im Kreis,
der Wind bewegt sie leis',
der Sturm, der biegt die
Blumen um,
plumps, da fall'n sie alle um.

Einige Kinder sind Blumen,
einige der Wind, leicht blasen,
einige der Sturm,
kräftig pusten,
hinfallen!

Im Herbst

Im Herbst tanzen die Blätter,
dann folgt das Regenwetter.
Der Sturm, der biegt die
Bäume krumm.
Plumps – da fall'n sie alle um.
Magrit Evers

Hände auf- und niederbewegen,
mit den Fingerspitzen auf
den Tisch klopfen – blasen,

die krummen Bäume fallen um.

Der Faltdrachen

Material: 1 Quadrat aus buntem oder Zeichenpapier, beliebig groß, Kreppapier, Wollfaden, Malstifte, Klebe

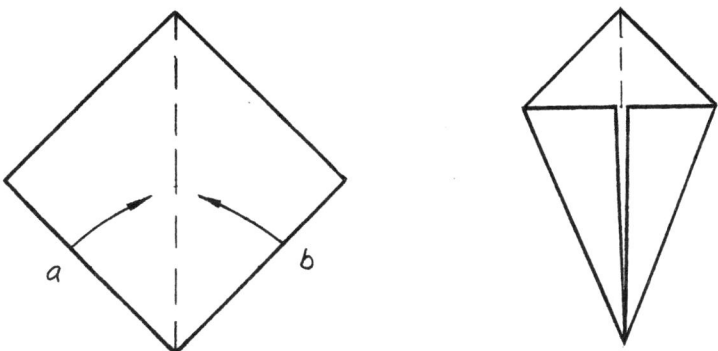

Wir falten das Quadrat einmal zum Dreieck, öffnen es wieder und legen die zwei Seiten a und b an die Bruchkante.

Nachdem wir uns den Drachen gefaltet haben, bemalen oder bekleben wir ihn mit bunten Papierschnipseln und verzieren ihn mit Ohren und einem Schwanz aus Kreppapier. Befestigen wir einen Faden am Drachen, können wir ihn fliegen lassen oder unser Zimmer damit dekorieren.

Ein Drachen, getuscht oder angemalt

Material: Zeichenpapier, Fingerfarben oder Wachsmalstifte, Borstenpinsel, Bleistift

Wir skizzieren 1 Drachen, den wir nach Lust und Laune mit Fingerfarben oder Wachsmalstiften ausmalen.

Fingerspiel

Mein Drachen fängt zu steigen an
und hebt sich in die Lüfte dann,
und er wackelt mit dem Ohr,
wackelt mit dem Schwänzchen,
und er tanzt den Wolken vor,
hui, ein lustig Tänzchen.
Und winkend bleib ich unten
stehn,
hallo, wie wär' es doch so schön,
könnt ich mit ihm auf Reisen
gehn.

Magrit Evers

Eine Hand tanzt, statt der Hand
können wir auch einen Faltdra-
chen tanzen lassen,

die andere Hand winkt.

Mein Häuschen

Mein Häuschen ist nicht ganz grade,
ist das aber schade!
Mein Häuschen ist krumm,
ist das aber dumm!
Hui, da bläst der Wind hinein,
bums, da fallt das Häuschen ein.

Spielvorschläge:
1. Mit den Händen ein Häuschen zeigen, mal nach links, mal nach
   rechts neigen, dann pusten und das Häuschen einfallen lassen.
2. Zwei Kinder stellen sich zum Häuschen auf, ein drittes Kind ist der
   Wind. Während der Vers von der Gruppe gesprochen wird, führen
   die Kinder die entsprechenden Bewegungen aus.

Max Velthuijs
Der Junge und der Drachen
Otto Maier Verlag

In dem Wald, da steht ein Haus

(Weise: volkstümlich)

In dem Wald, da steht ein Haus, guckt ein Reh zum

Fen- ster raus. Kommt ein Häs- chen an- ge- rannt,

klop- fet an die Wand: "Hil- fe, Hil- fe,

gro- ße Not, ge- be mir von dei- nem Brot.

Bit- te, bit- te, laß mich rein, reich mir Dei- ne Hand."

Spielvorschlag:
Alle Vorgänge werden mit den Händen gezeigt, mit den Händen ein Haus machen, dann werden die Hände wie ein Fernglas vor die Augen gehalten usw. Zum Schluß reichen wir uns die Hände.

Ein Haus als Fensterbild

Material: 1 Quadrat von ca. 20 cm Seitenlänge, Bleistift, Schere, Transparentpapier, Klebe

Wir zeichnen in die Mitte eines farbigen Quadrates 1 Haus, schneiden es aus und hinterkleben es mit Transparentpapier.

Haus mit Tannen

Material: Zeichenpapier, das ausgeschnittene Häuschen vom Fenster-bild, grünes Buntpapier, gelbes Buntpapier, Schere, Klebe

Wir kleben das Häuschen auf unser Zeichenpapier. Für die Tannen schneiden wir viele grüne Dreiecke zurecht und kleben sie als Bäume auf. Aus dem gelben Papier kleben wir eine Sonne auf das Bild, diese kann Strahlen haben, Zacken, oder es kann nur ein Kreis sein.

Laternenzeit

Laterne, Laterne,
Sonne, Mond und Sterne!
Brenne aus, mein Licht,
brenne aus, mein Licht,
aber ja meine liebe Laterne nicht!

Zur Herbstzeit gehört das Laternenlaufen. Besonders viel Spaß macht es, wenn wir mit einer selbstgebastelten gehen. Die 5 nachfolgenden Laternen sind nach folgender Anleitung angefertigt.

Material: leere Käseschachtel mit einem Durchmesser von ca. 16 cm, Pergamentpapier oder Butterbrotpapier von der Rolle 54 × 24 cm, Bleistift, Lineal, Klebe, 1 Dosenmilchöffner oder Stopfnadel, 1 Tee-licht, ein 30 cm langer Draht, doppelseitiges Klebeband

Leere, runde Käseschachteln kann man in Lebensmittelgeschäften er-halten. Ist der Deckel der Käseschachtel geschlossen, so schneiden wir ihn zu einem Ring. Sollten wir keinen Deckel haben, so behelfen wir uns mit einem 54 cm langen und 2 cm breiten Kartonstreifen, den wir zu einem Ring zusammenkleben.

Nachdem wir unser Pergamentpapier von 54 x 24 cm Größe gestaltet haben, kleben wir den unteren Rand des 54 cm langen Rechteckes an die Außenseite des Schachtelbodens, den Schachtelring kleben wir von innen oben an.

Jetzt kleben wir unser Teelicht mit einigen Tropfen Klebe oder dem Klebeband in die Mitte des Bodens.

Mit dem Dosenmilchöffner oder der Stopfnadel stechen wir zwei sich gegenüberliegende Löcher in den oberen Ring, führen da unseren Draht durch und befestigen ihn an den Enden. Drehen wir den Draht 1- bis 2mal in der Mitte, dann hält der Laternenstab besser.

Batiklaterne

Eine Laterne, die schon ganz kleine Kinder herstellen können.

Material: Butterbrotpapier, Wachsmalstifte, Wärmeplatte oder E-Herd, auf ½° gestellt

Wir legen unser Papier auf die Wärmeplatte oder auf eine Platte des E-Herdes, den wir auf ½° eingestellt haben, wenn die Platte lauwarm ist, malen wir unser Papier auf der Platte an, durch die Wärme zerläuft die Farbe und sieht wie „gebatikt" aus.

Nun stellen wir die Laterne nach der Anleitung her.

Heinzelmännchen-Laterne

Diese Laterne ist ähnlich herzustellen wie die Batiklaterne und besonders für die Kleinen geeignet.

Material: Butterbrotpapier von der Rolle 54 × 24 cm, Wachsmalstifte in den Farben Rot, Gelb, Orange, Wärmeplatte oder E-Herd, auf ½° gestellt, für die Heinzelmännchen benötigen wir einen 54 × 15 cm langen Streifen schwarzes Tonpapier und Klebe

123

Wir legen unser Papier auf die Wärmeplatte oder auf eine Platte des E-Herdes, den wir auf ½° eingestellt haben. Ist die Platte lauwarm, malen wir unser Papier mit den drei Farben an, durch die Wärme zerläuft die Farbe und sieht wie „gebatikt" aus.

Den Streifen schwarzes Tonpapier falten wir zur Ziehharmonika, übertragen unser halbes Heinzelmännchen darauf, beim Ausschneiden ist zu beachten, daß die Hände an den Bruchkanten nicht durchschnitten werden. Falten wir die Männchen nach dem Ausschneiden auseinander, so haben wir eine Kette von Heinzelmännchen, vier reichen für eine Laterne.

Nun stellen wir die Laterne nach der Anleitung her. Die Kette der Heinzelmännchen kleben wir 2 cm vom unteren Rand um unsere Laterne.

Heinzelmännchen

Abpausvorlage

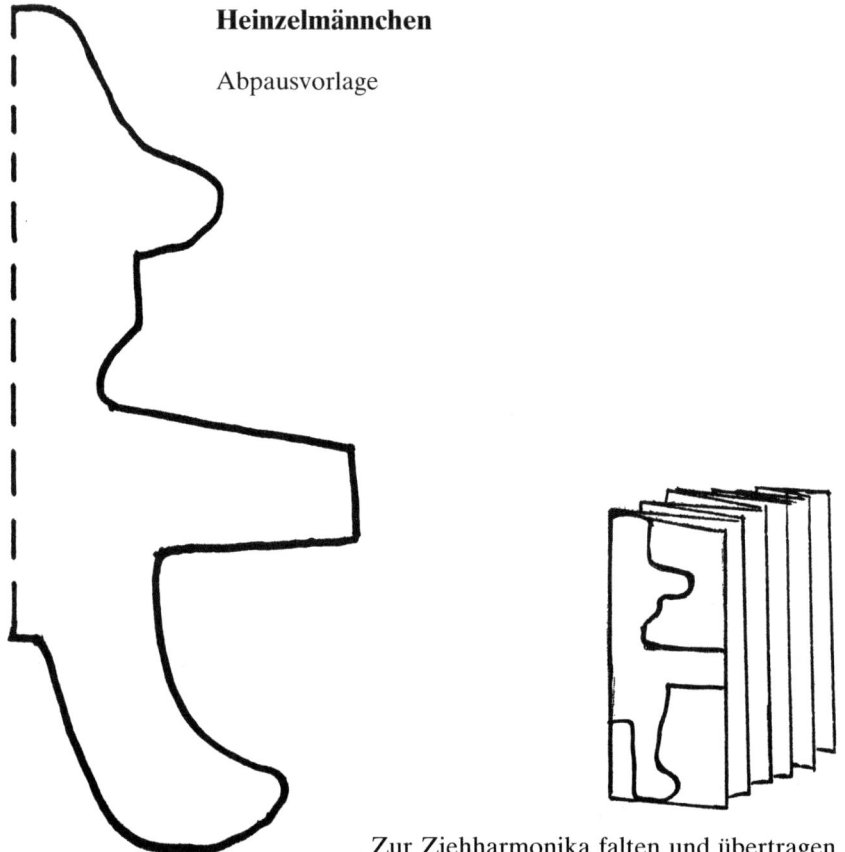

Zur Ziehharmonika falten und übertragen

Segelschiffe auf Wellen

Material: Butterbrotpapier, Transparentpapier

Wir schneiden aus verschiedenen Blautönen wellenförmige Streifen zu und kelben sie auf unser Pergamentpapier. Die Segelschiffe falten wir uns aus farbigem, quadratischem Transparentpapier, das 10 × 10 cm groß ist. (Anleitung siehe weiter vorne „Segelschiff auf dem Meer".) Die gelbe Sonne können wir uns als Kreis oder mit Strahlen gestalten.

Nachdem wir alles aufgeklebt haben, stellen wir unsere Laterne nach der Anleitung her.

Blumenlaterne

Material: Butterbrotpapier, Transparentpapier

Aus grünem Transparentpapier schneiden wir Streifen von 9 bis 10 cm Länge, die nach oben hin spitz zulaufen (siehe Foto), das wird unser Gras. Die Blätter und Stiele der Blume schneiden wir aus einer anderen grünen Farbe zu, und die Tulpen falten wir aus farbigem, quadratischem Transparentpapier, das 10 × 10 cm groß ist. (Falten der Tulpe siehe weiter vorne „Die Tulpe".)

Nachdem wir alles aufgeklebt haben, stellen wir unsere Laterne nach der Anleitung her.

Herbstlaterne

Material: buntes Herbstlaub, gelbes Transparentpapier in 2 Rechtecken von je 54 × 24 cm Länge, Tapetenkleister

Das Herbstlaub pressen wir eine Woche vor dem Herstellen der Laterne zwischen Zeitungspapier oder Telefonbuch, welches wir mit einem schweren Gegenstand beschweren.

Ein wenig Tapetenkleister rühren wir nach Vorschrift an und bestreichen damit unser Rechteck, nun legen wir die Blätter darauf und streichen dann vorsichtig das zweite Rechteck darüber, um die Blätter zu schützen.

Dann basteln wir die Laterne nach der Anleitung zusammen.

Hauslaterne

Material: 1 großer Bogen Tonpapier, Transparentpapier, Bleistift, Schere, Klebe, 2mal 30 cm langer Draht, Teelicht, 1 quadratischer Pappboden von 13 cm Kantenlänge, 4 Ringverstärker

Wir entwerfen ein Haus (siehe Zeichnung) und übertragen es auf unser Tonpapier. Die ausgeschnittenen Fenster hinterkleben wir mit farbigem Transparentpapier. Nun knicken wir die Laterne an den Bruchkanten, kleben sie zusammen und kleben unten den Boden gegen. Nachdem wir ein Teelicht in die Mitte des Bodens geklebt haben, stechen wir mit einem Dosenmilchöffner oder einer Stopfnadel oben in die Mitte jeder Seite ein Loch und kleben einen Verstärkungsring dahinter. Jeweils einen Draht führen wir durch zwei sich gegenüberliegende Löcher, drehen ihn ein- bis zweimal in der Mitte und befestigen unseren Laternenstab daran.

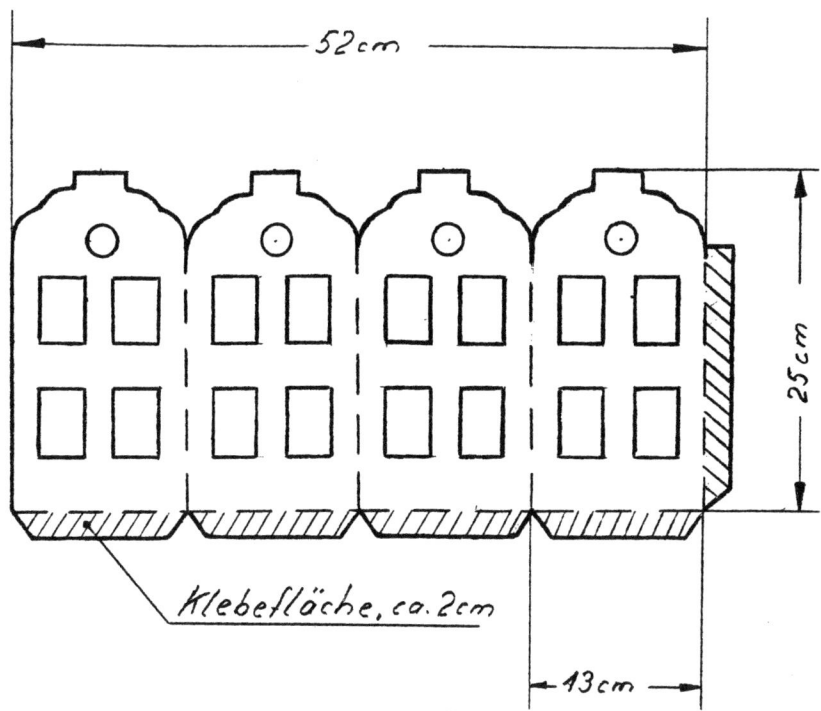

Skizze für die Hauslaterne

4. Von Schneemännern, Weihnachtsschmuck, Gespenstern und Luftballonmännchen

Auch wenn es nicht schneit im Winter, können wir uns den Schnee mit Bilderbüchern und Spielen ins Haus holen.

Die Freude am Schnee kann man auf vielfältige Art darstellen. Wir können Wattebällchen pusten oder Zeitungspapier zerreißen und die Schneeflocken tanzen lassen, oder wir knüllen das Papier zu einem Ball und machen eine „Schneeballschlacht". Beim Zerreißen des Papiers müssen wir den 2jährigen Kindern noch behilflich sein. Anschließend spielen wir „Schneegestöber" und tauchen in den Papierberg ein und lassen es tüchtig schneien.

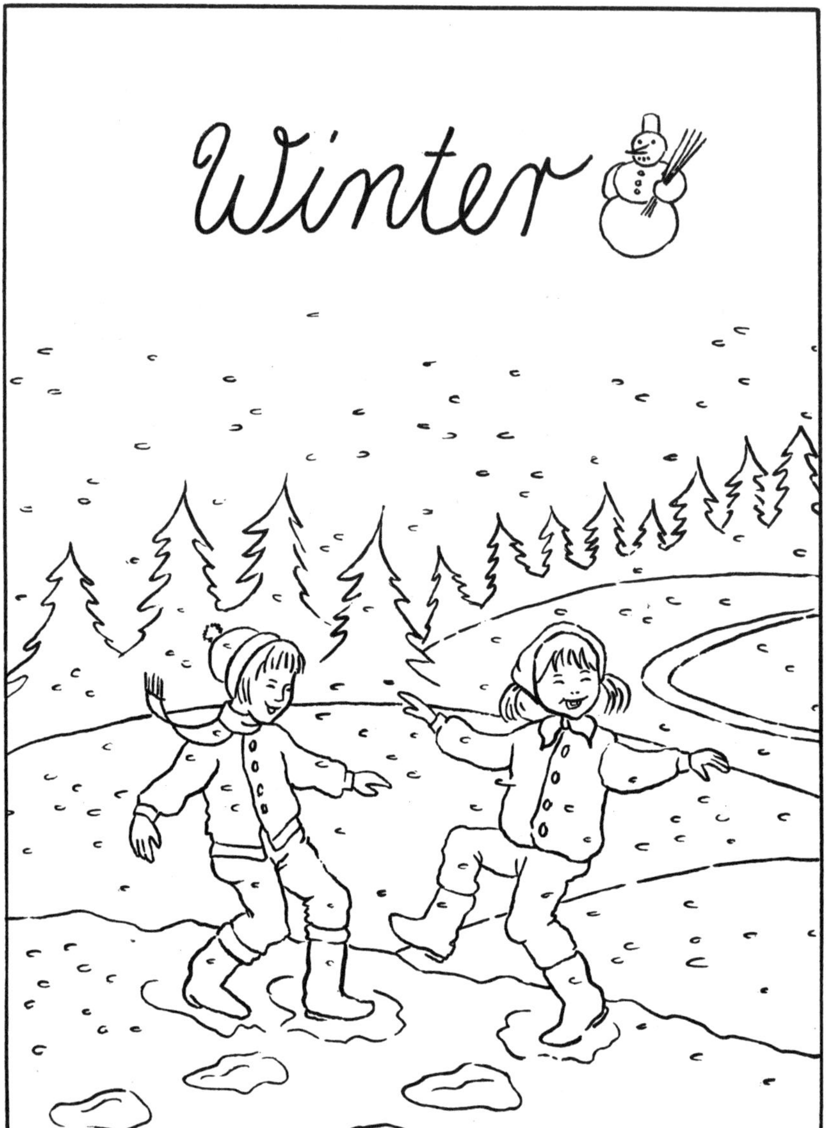
Winter

Den Schnee rollt ein

(mündlich überliefert)

Den Schnee rollt ein, zum Schnee- ball fein,

recht rund und groß und dann gehts los!

Den Schnee rollt ein,
zum Schneeball fein,
recht rund und groß,
und dann geht's los!

Weicher Schnee

(Text und Melodie: Magrit Evers)

Wei- cher Schnee tust gar nicht weh. Ich roll dich ein,

eh man's ge- dacht, ma- chen wir 'ne Schnee- ball- schlacht!

Weicher Schnee,
tust gar nicht weh!
Ich roll dich ein, eh man's gedacht,
machen wir 'ne Schneeballschlacht!

P. Lustig, S. Brandes. R. Detzner
Der Schneemann, der verreisen wollte
Wolfgang Mann Verlag

Schneemann, rolle, rolle ...

Material: farbiges Tonpapier als Untergrund, weiße, rote und schwarze Fingerfarbe, Borstenpinsel

Wir skizzieren die Umrisse eines Schneemanns und den Hut auf unser farbiges Papier, füllen die Kreise mit weißer Farbe aus und verzieren den Schneemann mit Augen, Nase, Mund und Knöpfen nach dem Trocknen. Den Hut kann man nach Belieben gestalten und schwarz ausmalen. Wer möchte, kann ihm auch noch einen Besen geben.

Die größeren Kinder können den Schneemann anstelle von Ausmalen auch mit einem Korkendruck, Fingerdruck oder Pinseldruck ausfüllen.

Gerda Marie Scheidl, Józef Wilkoń
Lieber Schneemann, wohin willst du?
Nord Süd Verlag

Schneemann aus Pappe

Material: weißes Kartonpapier, schwarzes Tonpapier, Farbstifte, Schere, Bleistift, Klebe

Wir schneiden 2 unterschiedlich große Kreise zu, von denen der kleinere der Kopf ist, diesen kleben wir an den größeren an. Legen wir das schwarze Tonpapier doppelt und schneiden uns dann einen Hut zu, so haben wir ihn gleich 2mal. Den Hut kleben wir von vorne und hinten gegen den Kopf. Das Gesicht und den Bauch bemalen wir von beiden Seiten, nun können wir unser Fenster oder Zimmer damit dekorieren.

Schneemann aus Efaplast

Material: weißes und braunes Efaplast (es ist ähnlich wie Knete formbar und trocknet an der Luft)

Wir rollen uns drei verschieden große Kugeln, setzen sie übereinander, mit dem braunen Efaplast verzieren wir dann unseren Schneemann.

Häuser im Schnee

Das Überraschungshäuschen

Material: leere Streichholzschachtel, farbiges Tonpapier, weißes Tonpapier, Watte, Klebe, Zeichenpapier und Buntstifte für Fenster und Türen, Schere

Wir bekleben die 2 Flächen der Streichholzschachtel mit farbigem Tonpapier, schneiden uns das Dach aus weißem Tonpapier zu und kleben es von beiden Seiten dagegen. Oben ans Dach kleben wir von innen einen kleinen, rechteckigen Schornstein mit Watte als Rauch an. Nun können wir noch mit Fenstern und Türen unser Haus verzieren. Es ist ein Überraschungshäuschen, denn in die Streichholzschachtel können wir eine Kleinigkeit legen.

Haus mit Schneeflocken

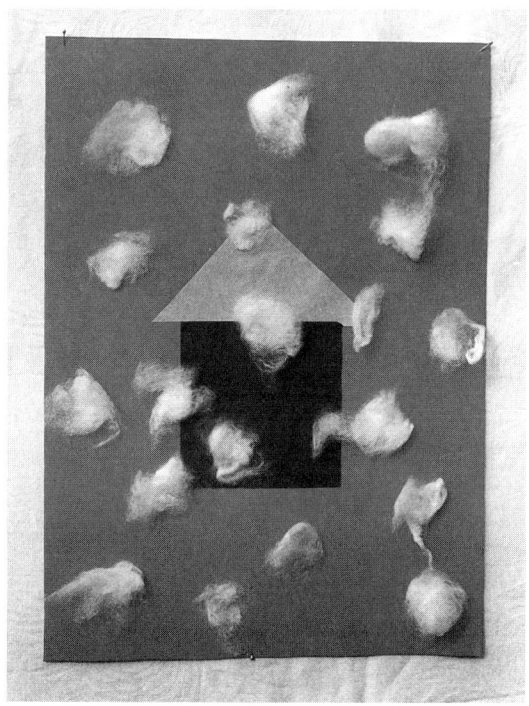

Material: farbiges Tonpapier, 1 Dreieck und 1 Quadrat aus Buntpapier, Watte und Klebe

Wir kleben das Dreieck und das Quadrat zu einem Haus auf unser Tonpapier. Nun lassen wir es tüchtig schneien, indem wir kleine Watteflocken festkleben. Anstelle von Watte kann man auch mit weißer Fingerfarbe und einem Pinsel die Schneeflocken drucken, oder wir nehmen statt des Pinsels einen Korken oder nur einen Finger.

Spiel: Schneegestöber

Wir sitzen rund um den Tisch und pusten Watteflocken hin und her, nach Möglichkeit sollen sie nicht herunterfallen.

Das Knusperhäuschen

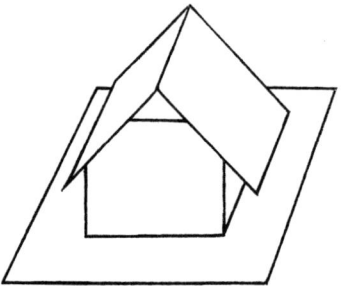

Material: 2 Butterkekse oder braune Plätzchen, ½ Zitrone, Puderzukker, 1 Dominostein, 2 Gummibärchen, kleine Schüssel, Küchenmesser, Pinsel, Smarties

Nachdem wir den Kindern das Märchen von „Hänsel und Gretel" erzählt haben, „backen" wir mit ihnen ein kleines Knusperhäuschen. Es eignet sich auch für eine weihnachtliche Geburtstagsfeier, als Tischdekoration oder als kleine Überraschung.

Zunächst stellen wir die Zuckerglasur aus dem Saft einer halben Zitrone und so viel Puderzucker her, daß die Masse dickflüssig ist. Dann halbieren wir einen Keks, er wird unser Dach. Nun streichen wir mit einem Pinsel etwas Zuckerglasur auf einen Keks, und in die Mitte dieses Kekses setzen wir einen Dominostein, das Dach setzen wir darüber, der Zuckerguß dient uns als Klebstoff. Anschließend bestreichen wir das Dach dick mit dem Zuckerguß und kleben darauf die Smarties, zwei Gummibärchen vor das Haus geklebt sind „Hänsel und Gretel".

Advent – Weihnachten

Wenn der Schnee herniederfällt,
und Sterne glitzern am Himmelszelt,
dann kommt für uns eine schöne Zeit,
denn Weihnachten ist nicht mehr weit.

Magrit Evers

Das Transparent

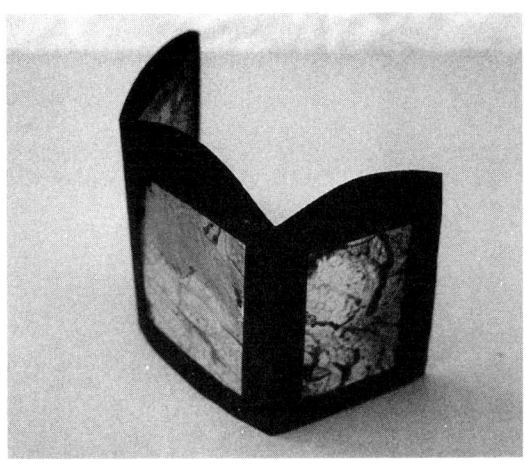

Material: Tonpapier, Butterbrotpapier, Wachsmalstifte, Schere, Bleistift, Klebe

Wir schneiden aus dem Tonpapier 1 Transparent und hinterkleben die Fenster mit unserem Batikpapier (siehe Batiklaterne). Stellen wir 1 Kerze dahinter, so leuchtet das Transparent in den schönsten Farben.

Willi Fährmann, Annegret Fuchshuber
Es stand ein Stern in Bethlehem
Thienemann Verlag

Der Weihnachtsbaum

Material: Zeichenpapier, grüne, rote, blaue und gelbe Fingerfarbe, Borstenpinsel, Bleistift

Wir skizzieren 1 Tanenbaum, malen ihn grün an, die roten Striche mit den gelben Tupfern sind die Kerzen und blaue Tupfer die Kugeln.

Den 2jährigen zeichnen wir aus grünem Tonpapier einen Tannenbaum auf, schneiden ihn aus und lassen ihn mit den Fingern, dem Pinsel oder mit Korken bedrucken.

Es weihnachtet sehr...

Der Tannenbaum

Material: grünes Tonpapier, Transparentpapier, Bleistift, Schere, Klebe

Aus grünem Tonpapier schneiden wir uns 1 Tannenbaum aus, in die Mitte des Baumes zeichnen wir mehrere Herzchen, schneiden sie aus und hinterkleben sie mit Transparentpapier. Mehrere Tannenbäume in verschiedenen Größen ergeben einen schönen Fensterschmuck.

Skizze für den Tannenbaum

Der Weihnachtsstern

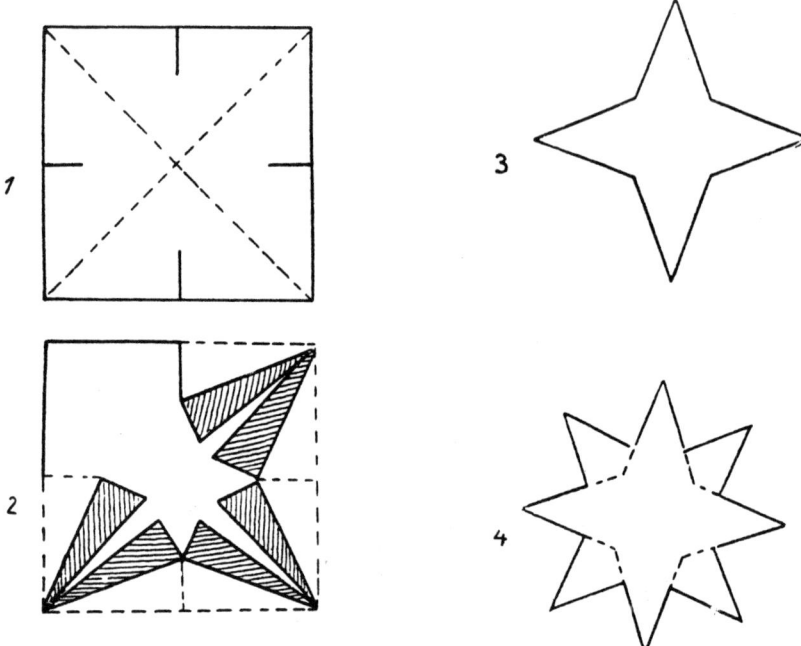

Material: 2 quadratische Stücke Silber- oder Buntpapier

Wir falten ein Quadrat zum Dreieck, öffnen es wieder und falten die anderen beiden gegenüberliegenden Ecken zum Dreieck. Auch dieses Dreieck öffnen wir wieder, nun haben wir zwei diagonal gefaltete Linien. An den vier Seiten des Quadrates machen wir kleine Einschnitte (siehe Abb. 1), wie es die stark gezeichneten Linien zeigen. Dann schlagen wir die Ecken der Einschnitte nach innen um (siehe Abb. 2), und fertig ist der vierzackige Stern. Klebt man zwei solcher Sterne gegeneinander, so hat man einen achtzackigen Stern.

Max Bolliger, Štěphan Zavřel
Das Hirtenlied
bohem press

Hirtenlied

(mündlich überliefert)

Weihnachtsmänner

Weihnachtsmann zum Aufhängen

Material: rotes Tonpapier, schwarzes Papier für die Stiefel, weißes Zeichenpapier für das Gesicht, Watte und Klebe, Malstifte, Schere, Nadel, Faden

Wir schneiden aus dem roten Tonpapier (Größe nach Belieben) ein Dreieck zu. Kleben an den Unterschenkel unseres spitzwinkeligen Dreiecks zwei kleine, schwarze Stiefel, schneiden das Gesicht zweimal zu, bemalen es und kleben es auf beiden Seiten auf. Nun kleben wir noch einen Bart an beiden Seiten auf, ziehen einen Faden durch die Spitze des Dreiecks; so können wir den Weihnachtsmann aufhängen. Aus mehreren Weihnachtsmännern, an einen kleinen Ast gehängt, läßt sich ein Mobile machen.

Weihnachtsmann als Tischdekoration

Material: rotes Tonpapier, Zeichenpapier, Malstifte, Schere, Klebe, Watte, eventuell Tasse und Unterteller

Für diesen Weihnachtsmann brauchen wir zwei Halbkreise etwa in der Größe einer Tasse und eines Untertellers. Wir ziehen den Rand der Tasse und des Untertellers mit einem Bleistift nach und schneiden die Kreise aus. Aus den beiden Kreisen lassen sich zwei Weihnachtsmänner herstellen, denn wir halbieren den Kreis (Mittellinie durchschneiden) und kleben jeweils beim kleinen und großen Halbkreis die beiden Enden übereinander, so daß wir zwei spitze Dächer erhalten. Das kleine Dach kleben wir auf das große, versehen den Weihnachtsmann mit einem Gesicht und einem Wattebart und können unter seinem Mantel eine kleine Überraschung verstecken.

Der Tannenbaumschmuck

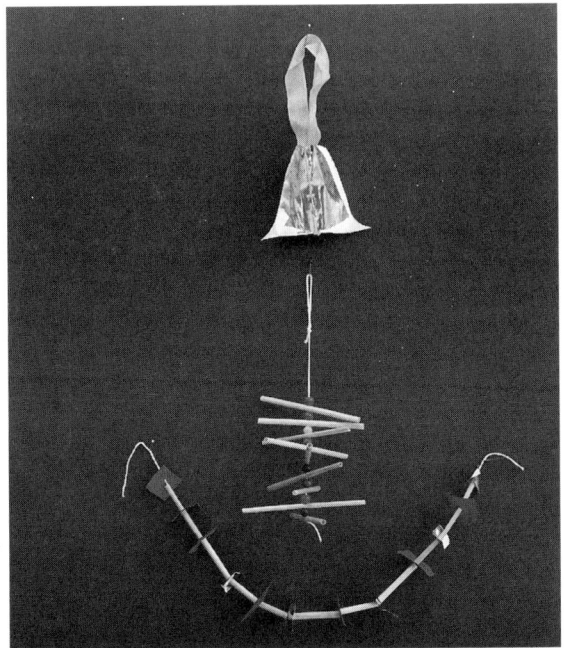

Die Glocke

Material: Goldpapier, Band, Bleistift, Schere, Hefter

Wir schneiden aus dem Goldpapier 2 gleich große Glocken zu, falten
1mal die Mittellinie, legen zwischen die beiden Glocken ein Band und
heften es an der Mittellinie fest.

Der Apfel

Material: rotes Tonpapier, Band, Bleistift, Schere, Hefter

Wir entwerfen einen Apfel und schneiden diesen 2mal zu, nun fertigen
wir ihn wie die Glocke an.

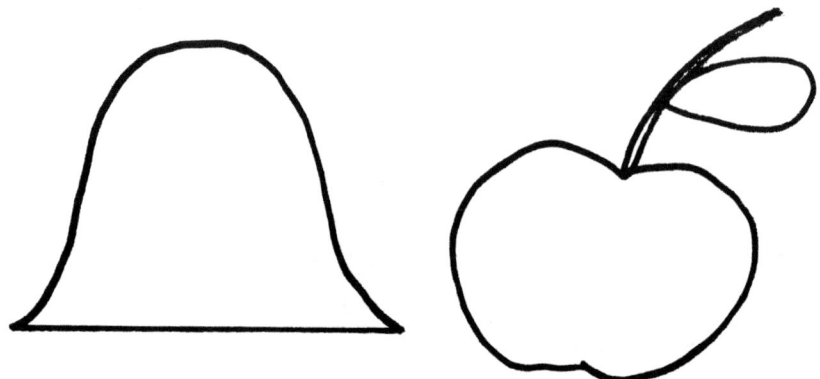

Skizze für die Glocke und den Apfel 2mal zuschneiden

Das Strohhalmmobile

Material: Strohhalme, Perlen, stumpfe Nadel, Garn, Schere

Die Strohhalme werden gedrittelt, dann reihen wir immer im Wechsel einen Strohhalm und eine Perle auf. Die Länge des Mobiles kann jeder selber entscheiden.

Die Strohhalmkette

Material: Strohhalme, Bunt- oder Goldpapier, stumpfe Nadel, Garn, Schere

Wir schneiden uns kleine Strohhalmstückchen zu und kleine Papierschnipsel, dann reihen wir immer im Wechsel einen Strohhalm und einen Schnipsel auf, bis uns die Kette lang genug erscheint.

Christbaumschmuck aus Ton

Material: Ton, Nudelholz, Ausstechformen für Plätzchen, Messer, Stricknadel oder dicke Stopfnadel, eventuell Glasur

Wir rollen den Ton 1 cm dick aus, stechen Herzen und Sterne mit unseren Ausstechformen aus und pieksen mit unserer Stricknadel oder Stopfnadel ein Loch zum Aufhängen hinein (auf keinen Fall vergessen). Nach dem Trocknen (ca. 1 Woche) kann man den Christbaumschmuck zum Brennen geben (Brennöfen in Bastelgeschäften), dann ist er haltbarer. Wollen wir ihn noch glasieren, so tragen wir nach dem Brennen auf eine Seite der Formen eine Glasur auf und lassen sie nochmals brennen.

Christbaumschmuck aus Efaplast

Material: Efaplast, Ausstechformen, Strick- oder Stopfnadel, Messer, Klebe, Glimmer oder kleine Staniolsternchen oder Farbe

Wir stechen genauso wie beim Ton die Formen aus, nach dem Trocknen (2 bis 3 Tage) kann man die Formen mit Klebe bestreichen und mit Glimmer oder Staniolsternchen bestreuen, oder wir malen sie bunt an.

Kerzenhalter aus Ton oder Efaplast

Auf die gleiche Weise, wie wir den Christbaumschmuck hergestellt haben, können wir auch Kerzenhalter herstellen. Wir rollen den Ton oder Efaplast dann aber 3 bis 4 cm dick aus, und statt der Löcher zum Aufhängen drücken wir in die Formen eine Christbaumkerze. Anschließend wird der Kerzenhalter genauso wie der Christbaumschmuck fertiggestellt.

Beliebte Weihnachtsgeschenke

Hände in Ton

Material: Ton, Glasur, Nudelholz, Messer, Strick- oder Stopfnadel, ca. 25 cm langes Lederband

Wir rollen den Ton 1 bis 2 cm dick aus, schneiden mit dem Messer ein Oval aus, das größer als die Kinderhand ist, und drücken dann kräftig eine Kinderhand hinein. Auf keinen Fall dürfen wir die zwei Löcher zum Aufhängen vergessen, die wir oben ins Bild stechen. Nach dem Trocknen (1 bis 2 Wochen in einem kühlen Raum) lassen wir das Bild brennen, anschließend malen wir die Hand mit einer Glasur aus und brennen das Bild nochmals. Zum Schluß ziehen wir ein Lederband durch die 2 Löcher.

Hände in Efaplast

Material: Efaplast, Nudelholz, Messer, Strick- oder Stopfnadel, Fingerfarbe, 25 cm langes Lederband

Wir stellen das Bild genauso wie „Hände in Ton" her, nur nach dem Trocknen die Hände mit Farbe ausmalen.

Gräser in Ton oder Efaplast

Diese Wandbilder werden genauso wie die „Hände" gearbeitet, nur anstelle der Kinderhand drücken wir Kornähren und Gräser ins Oval.

Statt Ton oder Efaplast können wir auch Salzteig verwenden (siehe Rezept S. 25).

Fasching

Alle Masken sind schon da

(nach: Alle Vögel sind schon da...)

1. Alle Masken sind schon da,
   alle Masken, alle.
   Rot und grün und gelb und blau,
   eine ganze Maskenschau,
   alle Masken sind schon da,
   alle Masken, alle.

2. Alle Kinder sind schon da,
   alle Kinder, alle.
   Liesel, Gretel und der Franz
   kommen alle heut' zum Tanz,
   alle Kinder sind schon da,
   alle Kinder, alle.

3. Alle Gäste sind schon da,
alle Gäste, alle.
Woll'n mit uns recht lustig sein
und an unserem Fest sich freu'n,
alle Gäste sind schon da,
alle Gäste, alle.

Das Faschingsfest

Für die 2- bis 3jährigen ist „Fasching" noch gar kein Begriff. Damit sie
Freude am Fest haben, muß man sie darauf vorbereiten. Schon im
Januar kann man mit kleinen Basteleien anfangen, z. B. 1 Krone herstellen, 1 Stirnband für Indianer anfertigen, 1 Maske mit Stab anmalen
oder als Katze, Maus, Käfer usw. schminken und kleine Spiele damit
verbinden.

Wenn wir ihnen dann noch Bilder von uns zeigen, auf denen wir
verkleidet waren, Geschichten erzählen und Bilderbücher betrachten,
bekommen sie eine Vorstellung vom Fest.

Viele Kinder mögen sich in dem Alter noch nicht schminken lassen,
andere wollen kein Kostüm anziehen oder keine Kopfbedeckung aufsetzen. Hier sollten wir den Kindern die Entscheidung überlassen.
Auch wenn sie sich gar nicht verkleiden, werden sie von den anderen
Kindern akzeptiert und können allein durchs Zuschauen ihre Freude
haben.

Ein Lied zum Vorstellen der Kostüme

Melodie: Und wer im Januar geboren ist...

Und wer zum Fasching als (Zauberer) geht,
tritt ein, tritt ein, tritt ein.
Er mache im Kreis einen tiefen Knicks,
einen tiefen, tiefen Knicks.
Dreh dich, dreh dich hopsasasa,
dreh dich, dreh dich hopsasasa. (klatschen)

Spielvorschlag:
Die Kinder fassen sich zum Kreis, jeweils eines stellt im Kreis sein
Kostüm vor, und während es sich im Kreise dreht, klatschen die an-
deren dazu.

Karnevalslied

Melodie: Ein Vogel wollte Hochzeit machen...

Die großen und die kleinen Leute,
wollen feste feiern heute.
Fiderallala, fiderallala, fiderallalala la!

Das Mäuschen mit dem roten Schwanz,
das fordert auf zum ersten Tanz. (tanzen)
Fiderallala...

Das Häschen geht als Schweinchen Schlau,
es grunzt heraus aus seinem Bau. (nök, nök, nök)
Fiderallala...

Der Pinguin im schwarzen Frack,
der watschelt schon entlang den Bach.
Fiderallala...

(watscheln, indem die Arme seitlich fest an den Körper gelegt werden
und die Hände waagerecht abstehen)

Die Käfer und die Bienen,
die wollen nur noch fliegen. (Flugbewegungen)
Fiderallala...

Das Rehlein geht als Elefant,
wir haben es nicht gleich erkannt. (trompeten tärä, tärä, tärä)
Fiderallala...

Als Zebra geht das wilde Schwein,
es hüpfte erst bei Mondenschein. (hüpfen)
Fiderallala...

Jakob, unser Zottelbär,
der tanzte fröhlich hin und her. (von einem auf das andere Bein tanzen)
Fiderallala...

Die Ente schwamm als Königin,
wir waren alle gleich ganz hin. (Schwimmbewegung)
Fiderallala...

148

Die Löwen mit den dicken Mähnen,
mußten immerzu nur gähnen. (gähnen und strecken)
Fiderallala...

Die Eule sagt: „Das Fest ist aus."
Drum gehen alle froh nach Haus.
Fiderallala...

Text: Magrit Evers

Das Gespenst – ein Korkdruck

Material: farbiges Tonpapier, 1 Korken, weiße Fingerfarbe auf einem
Teller, Pinsel und Fingerfarbe für die Augen und den Mund, 1 Bleistift

Wir skizzieren auf farbigem Tonpapier ein Gespenst. Den Korken
tauchen wir immer wieder in die weiße Farbe und bedrucken damit
dicht an dicht unser Gespenst. Nach dem Trocknen malen wir mit einer
dunklen Farbe noch die Augen und den Mund hinein.

Komm, wir spielen Nachtgespenst

Geisterstunde, Geisterstunde,
Gespenster drehen ihre Runde,
uhu, uhu, uhu,
doch schlägts vom Turme drei,
ist der Spuk vorbei.

Material: 1 Bettlaken, 1 Glöckchen

Wir schneiden in das Bettlaken zwei Augen und hängen es einem Kind
um (das Gespenst). Während der Vers gesprochen wird, versucht das
Gespenst ein Kind zu ergreifen. Schlägt das Glöckchen (von einem
Kind oder dem Spielleiter geschlagen) dreimal, so ist das Kind Gespenst, welches ergriffen wurde.

Wollen wir den *Vers optisch darstellen*, so basteln wir uns ein Gespenst als Handpuppe (siehe Anleitung), lassen es tüchtig spuken,
doch wenn das Glöckchen klingelt, hat es sich versteckt.

Gespenst als Handpuppe

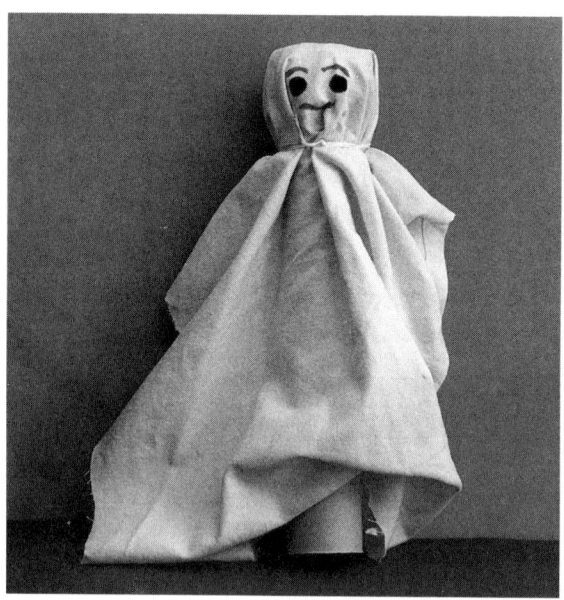

Material: 1 Haushaltspapierrolle, 1 weißes Tuch 60 × 60 cm, Zeitungspapier, Filzstifte, Band, Klebe

Wir knüllen das Zeitungspapier zu einem Ball (Kopf) und kleben ihn oben auf die Papierrolle, dann schlagen wir unser Tuch darüber und befestigen es unterhalb des Kopfes mit einem Band. Mit Filzstiften malen wir dem Gespenst ein Gesicht, und fertig ist es für den Spuk.

Kommt, wir spielen Indianer!

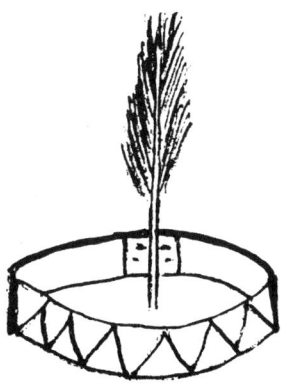

Ein 58 cm langer Streifen Papier wird doppelt gelegt und der Größe des Kopfumfanges des Kindes angepaßt. Die beiden Enden werden zusammengeheftet und hinten eine Feder hineingesteckt. Man kann den Kopfschmuck vorher anmalen oder mit bunten Papierschnipseln bekleben.

Indianertanz

Indianer heißen wir, ahu – ahu – ahu,
und tanzen wild und schleichen leis'
ums Lagerfeuer in einem Kreis, ahu – ahu – ahu.
Wir laufen schneller als der Wind, ahu – ahu – ahu,
und plötzlich wir verschwunden sind!

Spielvorschlag: Das ahu wird mit leichtem Schlagen der flachen Hand vor den Mund gesprochen.
   Während wir den Vers sprechen, hüpfen und schleichen wir um ein Lagerfeuer (Bausteine und rotes Kreppapier), haben die Indianer sich versteckt, so kann der Spielleiter oder ein Kind, als Indianerhäuptling, die Aufforderung rufen:

Indianer in den Ecken,
kommt heraus aus den Verstecken!

Schon die 2jährigen mögen sich gerne verstecken und haben viel Spaß
an diesem Spiel, besonders, wenn sie ein Stirnband mit einer Feder
tragen.

Papptellermasken

Material: 1 runder, weißer Pappteller, Fingerfarben, Pinsel, Schere,
Locher, Hutgummi oder Bindfaden oder 1 kurzer Stock, den man mit
Tesakrepp an der Maske befestigt, Kreppapier oder Luftschlangen,
Transparentpapier, Klebe

Wir schneiden in den Teller Augen, Nase und Mund und bemalen dann nach unseren Vorstellungen und Wünschen mit den Fingerfarben unseren Teller von der Rückseite. Nach dem Anmalen können wir die Maske noch mit Kreppapier oder Luftschlangen verzieren. Für kleinere Kinder befestigt man einen kurzen Stock mit Tesakrepp hinten an der Maske, die größeren mögen sie schon gerne aufsetzen. Dafür lochen wir links und rechts an unserer Maske zwei Löcher und ziehen ein Hutgummiband oder einen Bindfaden durch, den wir am Hinterkopf befestigen. Nicht mehr benutzte Masken sind eine schöne Dekoration im Kinderzimmer, hierfür kann man Augen, Nase und Mund mit farbigem Transparentpapier hinterkleben.

Das Luftballonmännchen

Luftballone sind für Kinder faszinierend. Gibt man eine kleine Faschingsparty, so kann man sich mit der Anfertigung der Männchen lange Zeit beschäftigen und hinterher schön damit spielen.

Material: 1 Luftballon, Pappe, Buntpapier, Kreppapier oder Luftschlangen, Schere, Klebe

Wir blasen den Luftballon auf, verknoten das Ende und befestigen daran unsere Pappscheibe, der wir die Form eines Fußes geben; in der Mitte mit der Schere ein kleines Loch durchstechen und den Knoten des Luftballons durchziehen. Nun können wir den Ballon ganz nach unseren Wünschen mit dem Buntpapier, den Luftschlangen oder dem Kreppapier bekleben.

Leo Lionni
Die Maus mit dem grünen Schwanz
Middelhauve Verlag

III. Allerlei Tiere

1. Von Katzen, Mäusen und Igeln – Gestalten mit Papierrollen, Fingerfarben und Tonpapier

Kommt, wir spielen Katz' und Maus

Das klassische Katz-und-Maus-Spiel ist so vielseitig, es erfüllt den Bewegungsdrang der Kinder, ist spannend und aufregend. Alle nachfolgenden Fingerspiele und Lieder lassen sich auch in Rollenspiele umsetzen. Der Phantasie sind hier keine Grenzen gesetzt. Leicht entwickeln sich aus dem Spiel heraus eigene Verse, die in Bewegung umgesetzt werden.

Als Fingerspiel sind unsere Fingerspitzen die Mäuschen, die durch leichtes Auftippen auf dem Tisch, Fußboden oder am Körper des Kindes trippeln und trappeln.
Eine Katze, als Hand dargestellt, versucht mit ruhigen, schleichenden Bewegungen das Mäuschen zu fangen.
Das Mäusehaus wir durch die schräg aneinandergelegten Hände angedeutet.
Basteln wir dann noch eine Katze oder eine Maus, so können wir das Fingerspiel zur Abwechslung auch optisch darstellen.

Beim Rollenspiel sind Stühle, Kisten, Tische, Reifen, Pappkartons oder der Tunnel das Mäusehäuschen. Während wir unseren Vers oder unser Lied singen, kriechen die Mäuse um die Häuser rundherum, hinein oder krabbeln darüber hinweg, immer verfolgt von der schleichenden Katze, die so gerne ein Mäuschen fangen möchte.

Es ist ein Riesenspaß für die Kinder, wenn zur Abwechslung die Erwachsenen einmal die Mäuschen oder die Katzen sind.

Eine kleine, freche Maus
schaut heraus aus ihrem Haus.
Sie schaut links und rechts herum
und dreht sich im Kreise um.
Kommt die Katze dann geschlichen,
muß die Maus sich schnell verkriechen.
Sie ängstigt sich im Mäusehaus
und bricht in großes Zittern aus.
Ist die Katze dann vorbei,
macht die Maus ein laut Geschrei.
Piep, piep, piep!

Magrit Evers

Spielform: Der Daumen ist die Maus, das Haus die Faust, in die sich das Mäuschen verkriecht und fürchterlich zittert. Die andere Hand spielt die Katze.

Die kribbel, krabbel Mäuschen,
bauen sich ein Häuschen.
Käse, Wurst und Speck sie naschen,
doch willst du sie erhaschen,
laufen sie in ihr Versteck,
husch, husch, husch – sind alle weg.

Magrit Evers

Allerlei Mäuschen

Maus aus einer Papierrolle

Material: Toilettenpapierrolle, graues Tonpapier, schwarzes Tonpapier und Klebe

Die Papierrolle mit grauem Tonpapier bekleben, Ohren aus grauem Tonpapier zuschneiden und ankleben, aus schwarzem Tonpapier werden die Augen, die Schnurrbarthaare und der Schwanz zugeschnitten und ebenfalls angeklebt.

Maus aus einer Walnußschale

Material: 1 halbe Walnußschale, Filzstift und schwarzes Tonpapier, Klebe

Die Augen und die Schnurrbarthaare werden mit dem Filzstift an dem spitzen Ende der Nußschale aufgemalt und die Ohren und der Schwanz aus schwarzem Tonpapier zugeschnitten und angeklebt.

157

In unserm Häuschen   (mündlich überliefert)
sind schrecklich viel Mäuschen.
Sie trippeln und trappeln,
sie zippeln und zappeln,
sie stehlen und naschen,
    und will man sie haschen –
husch, sind sie weg!

Mäuschen aus Tonpapier

Abpausvorlage

Material: Tonpapier, Filzstift, Wollfaden und Klebe

Die Maus abpausen und auf ein gefaltetes Stück Papier so übertragen, daß die Bruchkante an die Faltlinie kommt. Die Ohren von innen und außen anmalen, das Ende eines kleinen Wollfadens als Schwanz in die Maus hineinlegen und dann die Maus zusammenkleben. An die Ohren bitte keine Klebe, denn diese werden nach außen gebogen. Nun malen wir noch die Augen und die Schnurrbarthaare auf, und fertig ist die Maus.

Katzen können Mäuse fangen,   (mündlich überliefert)
haben Krallen wie die Zangen,
kriechen über Böden und Dächer
und manchmal auch durch Mauselöcher.

Mäuslein stehlen, naschen Speck,
seh'n die Katz' nicht im Versteck.
Leise, leise kommt die Katze –
fängt die Maus mit einem Satze!

Spielvorschlag:
1. Die Hände eines Kindes sind die Katzen, die Hände der anderen Kinder sind die Mäuslein. Es wird alles pantomimisch dargestellt. Bei „leise, leise ..." versucht die Katze ein Mäuslein zu fangen, doch dieses hat sich geschwind hinter dem Rücken versteckt. Gelingt es doch, so wird die gefangene Maus zur Katze.
2. 2 oder 3 Kinder sind Katzen, diese versuchen die Mäuse zu fangen.
3. Als Bewegungsspiel (siehe Bewegungsspiele).

Mohrle als Zimmerschmuck

Material: schwarzes Tonpapier, weißes Zeichenpapier, Rest von rotem Buntpapier, Schere, Bleistift, Klebestift

Wir entwerfen uns die Katze auf schwarzem Tonpapier, schneiden die Umrisse und die Augen aus. Kleben von beiden Seiten Schnurrbarthaare und die Schnauze auf. Der Schwanz ist eine Spirale, die wir unten ankleben.

Unsere Katz' heißt Mohrle

Material: Zeichenpapier, Bleistift, schwarzer Wachsmalstift, schwarze Fingerfarbe auf 1 Teller geben, Korken, Schere, etwas Buntpapier

Wir zeichnen 1 Katze vor, dann wird der Kopf, der Schwanz und die Beine mit einem schwarzen Wachsmalstift kräftig ausgemalt. Den Katzenkörper füllen wir mit einem Korkendruck aus. Hierzu wird der Korken in schwarze Farbe getupft und dann auf den Katzenkörper gedruckt. Durch die unterschiedlichen Farbmengen beim Drucken erhält der Körper eine Schattierung. Ist der Katzenkörper dicht an dicht mit dem Korken bedruckt, lassen wir das Bild trocknen und schneiden aus farbigem Papier Augen, Schnauze und Schnurrbarthaare zu, die wir anschließend auf das getrocknete Bild kleben. Die kleineren Kinder malen die Katze farbig an, wir verzieren sie dann gemeinsam mit Augen, Schnauze und Schnurrbarthaaren, schneiden sie aus und kleben sie auf farbigen Hintergrund.

Uns're Katz heißt Mohrle

(mündlich überliefert

Uns' re Katz heißt Mohr- le, hat ein wei- ßes Ohr- le, hat ein schwar- zes Fell und wenn es was zu na- schen gibt, dann ist sie gleich zur Stell.

Uns're Katz heißt Mohrle,
hat ein weißes Ohrle,
hat ein schwarzes Fell,
und wenn es was zu naschen gibt,
dann ist sie gleich zur Stell'.

Ein Lied, vor den Mahlzeiten
gesungen:
Wir fertigen uns eine Katze an und
lassen sie, während wir das Lied
singen, von unserem Essen naschen.

Ein Kater geht spazieren

(mündlich überliefert)

Ein Ka- ter geht spa- zie- ren, er geht auf al- len Vie- ren, er klet- tert üb- ers Scheu- nen- dach, er buk- kelt, und er legt sich flach, wir

wol- len's auch pro- bie- ren.

Ein Kater geht spazieren,
er geht auf allen vieren,
er klettert übers Scheunendach,
er buckelt und er legt sich flach,
wir wollen's auch probieren.

Ein Kater streckt die Glieder,
springt auf und legt sich nieder,
er dreht sich um im Katzentanz
und schnuppert nach dem Mäuseschwanz,
so machen wir es wieder.

Duck und Dack, die Entenküken – eine Aktionsgeschichte

Es ist heller Sonnenschein (mit beiden Händen einen Kreis beschreiben). Ich sitze am Wasser und höre es plätschern (mit den Handflächen auf den Tisch schlagen).

Etwas weiter vom Ufer entfernt schwimmt stolz eine Entenmutter mit 1, 2, 3, 4, 5 kleinen, gelben, flauschigen Entenküken hinterdrein. Die Mutter paßt auf, daß alle beisammenbleiben, denn sie schaut sich immer nach ihren Kindern um.

Plötzlich kommt ein Wind auf. Huuuui (blasen), er bläst ganz stark und kräuselt das Wasser so, daß die Enten auf den Wellen schaukeln (Wellenlinien nachahmen). Die Sonne ist verschwunden.

Die zwei Küken Duck und Dack haben so viel Spaß im Wasser, sie schaukeln auf und nieder und hören gar nicht das ängstliche Rufen der Mutter. Immer weiter entfernen sie sich von ihrer Mutter, bis sie plötzlich merken, daß sie ganz alleine in der Mitte des Sees schwimmen. Sie rufen ganz laut: „Ga, ga, gack!"

Der Wind bläst die Wolke fort (blasen und mit einer Hand die Wolke zur Seite schieben).

Die Sonne strahlt wieder (mit beiden Händen einen Kreis beschreiben). Da kommt auch schon die Entenmutter angeschwommen, nimmt Duck und Dack unter ihre Flügel, doch hat sie auch mit ihnen geschimpft, das höre ich am Geschnatter: „Ga, ga, ga, ga, gack, gack, gack!"

162

Malvorschlag

Enten auf dem Wasser

Material: Zeichenpapier, blaue Fingerfarbe, Borstenpinsel, 2 Enten, aus gelbem Tonpapier zugeschnitten, 2 gelbe Wattetupfer, Buntstifte, Klebe

Wir tauchen den Pinsel in die blaue Farbe und drücken ihn dicht an dicht auf unser Zeichenpapier. Die zwei ausgeschnittenen Entenküken bekleben wir mit einem Wattetupfer und malen den Schnabel und die Augen an. Nach dem Trocknen des Bildes kleben wir die Küken in das Wasser.

Kasper und der Igel

Es spielen mit: Kasper
Igel (aus Knete geformt, die Stacheln sind Streich-
hölzer)
Utensilien: Kuscheltiere
1 Puppenbett
Es wird ohne Bühne gespielt.

Kasper war den ganzen Tag draußen und hat gespielt, er freut sich auf sein Bett. „Ach, Kinder, bin ich müde, ich suche jetzt meine Kuscheltiere zusammen und lage mich schlafen. Wißt ihr, wenn ich meine Kuscheltiere in meinem Bett habe, schlafe ich ganz fest und brauche des Nachts nicht zur Großmutter ins Bett." Kasper kuschelt sich ins Bett, doch plötzlich schreckt er auf. „Au, da hat doch etwas gepickt, was ist das nur? Hier im Bett war es." Er untersucht das Bett, die Kuscheltiere werden herausgelegt, die Bettdecke aufgedeckt, und da sieht er es! In seinem Bett liegt ein Igel. „Was machst du denn in meinem Bett?" fragt Kasper den Igel. „Es ist so kalt draußen und bei dir, Kasper, ist es mollig warm im Bett, ich möchte bei dir schlafen", antwortet der Igel. „Eine Nacht darfst du bei mir bleiben, aber du mußt deine Stacheln einziehen, und morgen helfe ich dir im Garten eine kleine Höhle zu bauen. Doch jetzt bin ich so müde, mir fallen schon die Augen zu." Man hört Kasper nur noch schnarchen. Chrr, chrr, chrr...

Der Igel, der laufen kann

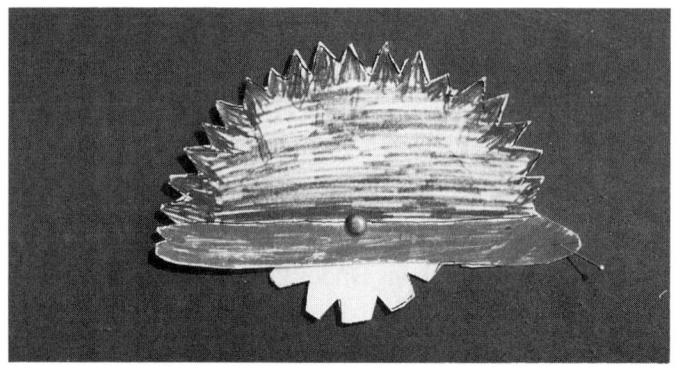

Abpausvorlage

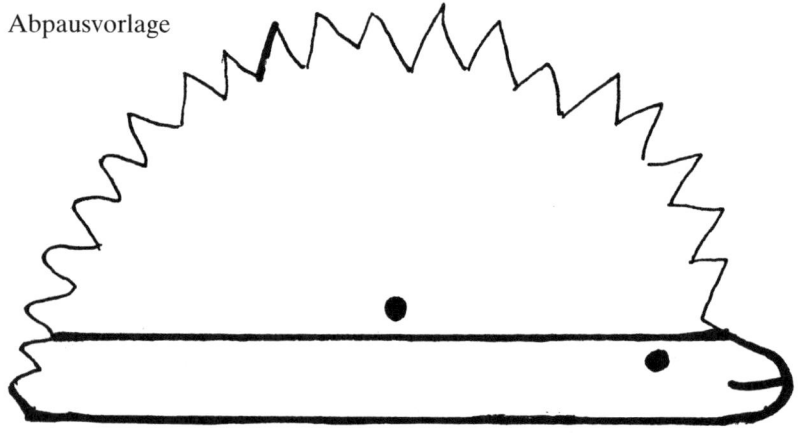

Material: feste Pappe, 1 Zahnrad aus Pappe, 1 Musterklammer, Farbstifte

Wir pausen uns den Igel ab, übertragen ihn auf feste Pappe und schneiden ihn aus. Wir können ihn nach Belieben anmalen. Nun schneiden wir uns das Zahnrad aus fester Pappe aus und befestigen es am Igel mit unserer Musterklammer.

2. Schnecke, Raupe und Schmetterling –
Gestalten mit Eierkarton, Bunt- und Tonpapier

Ich bin 'ne kleine Schnecke ...

Material: Zeichenpapier, Fingerfarben, Borstenpinsel, Wachsstifte, Bleistift

Wir zeichnen den Körper der Schnecke und das Haus vor. Zwei verschiedene Farbtöne von Fingerfarbe sind auf einem Teller bereitgestellt, nun tupfen wir mit dem Finger in eine der Farben und betupfen damit unser Häuschen, anschließend reinigen wir unseren Finger, tupfen dann in die zweite Farbe und füllen mit der Farbe die Zwischenräume im Häuschen aus. Mit einer neuen Fingerfarbe und dem Borstenpinsel malen wir dann den Körper der Schnecke aus.

Am nächsten Tag oder wenn das Bild getrocknet ist, malen wir mit einem Wachsstift Auge, Mund und Fühler. Dann nehmen wir uns den grünen Wachsstift und gestalten Strich für Strich die Wiese.

Schnecke aus Knete

Material: Knete oder Efaplast, 1 leeres Schneckenhäuschen

Wir rollen aus Knete eine lange Schlange und wickeln diese zur Schnecke auf, das vordere Ende ist der Kopf, an den wir kleine Fühler setzen.
Die ganz Kleinen formen nur den Körper und setzen ein leeres Schneckenhäuschen darauf. Vielleicht können wir der Schnecke noch Fühler geben?

Schnecke und Raupe

Die Schnecke Isolde kroch langsam durch das Erdbeerfeld und hielt nach Würmern und Raupen Ausschau. Sie hatte in ihrem Revier, dem Erdbeerfeld, einen reichlich gedeckten Tisch. Eigentlich war sie schon satt, aber zum Nachtisch fehlte ihr noch etwas.
Plötzlich hörte sie ein jämmerliches Schluchzen. Sie schaute unter ein Erdbeerblatt und entdeckte eine goldbraun schimmernde, dicke Raupe, die trotz der Tränen von einer dicken, großen Erdbeere naschte. Die Erdbeere ist genau das, was ich suche, dachte die Schnecke und wollte gerade die Raupe fortstoßen, doch die dicken Tränen, die aus den Augen der Raupe flossen, hielten sie davor zurück.
„Warum weinst du?" fragte sie die Raupe.
„Ach, alle Tiere lachen mich aus, weil ich so dick bin. Es stimmt, ich habe in der letzten Zeit viel gefressen, es gab so schöne Sachen. Spinat, Blätter, Kohl und jetzt noch die leckeren Erdbeeren", schluchzte die Raupe und wischte sich eine dicke Träne von den Augen ab.
„Aber das ist doch kein Grund zum Weinen, Hauptsache, es hat geschmeckt", meinte die Schnecke Isolde. Die Raupe mit den dicken Tränen tat ihr plötzlich leid.
„Ich kann mich kaum noch bewegen und bin fürchterlich müde, am liebsten möchte ich schlafen", antwortete die Raupe, und weil die Schnecke ihr so gut gefiel, vertraute sie ihr noch ein Geheimnis an.
„Weißt du, ich träumte, daß ich ganz leicht bin, wenn ich aufwache, in den schönsten Farben schimmere und von allen Käfern bewundert werde. Ach, bin ich müde, wenn ich doch nur ein Bett hätte."
Die Schnecke Isolde hatte ihren Appetit auf den Nachtisch vergessen, sie wünschte der Raupe eine angemehme Nachtruhe und sagte:
„Hier im Erdbeerfeld kannst du dich ausruhen, es ist mein Revier, und ich passe auf, daß dir niemand etwas zuleide tut."

Die Raupe trocknete ihre Tränen ab, freute sich über den neuen Freund und begann sich sofort ein Häuschen zu spinnen, einen Kokon. Ganz dunkel und warm war es darinnen, sie fühlte sich auch recht wohl und schlief sofort ein.

Die Schnecke schaute jeden Tag nach der schlafenden Raupe, und damit kein Vogel sie fressen sollte, deckte sie den Kokon noch mit Erdbeerblättern zu.

Doch eines Tages war das Häuschen leer. Erschrocken schaute die Schnecke um sich, sollte doch jemand meinem Freund etwas zuleide getan haben, fragte sie sich. Da hörte sie eine Stimme hoch über sich, sie kam von einer Blumenstaude her. Tatsächlich, dort auf einer Blüte saß ein bunter Schmetterling und sprach sie an: „Isolde, ich bin's, die dicke Raupe. Ich danke dir, daß du mich beschützt hast. Schau, ich bin federleicht und kann von Blüte zu Blüte fliegen. Morgen komme ich wieder, jetzt fliege ich zur Mohnblume, sie leuchtet so schön rot in der Sonne. Tschüs, bis bald!"

Staunend sah die Schnecke ihrem Freund nach: „Was es alles gibt", sagte sie kopfschüttelnd und freute sich über den Schmetterling.

Ich bin 'ne kleine Schnecke (mündlich überliefert)

es muß schon ei- ner bei mir sein.

Ri- chard, Ri- chard,

Ri- chard soll es sein, "Komm zu

mir in den Kreis her- ein."

Komm, wir wol- len Schnek- ke rol- len,

Schnek- ke rol- len, wol- len wir.

Ich bin 'ne kleine Schnecke
und keine Maus.
Ich rühr' mich nicht vom Flecke,
nicht ein noch aus.
Ich bin ja so allein,
es müßt' doch jemand
bei mir sein.
Der (Martin), der (Martin),
der (Martin) soll es sein,
er kommt zu mir in das
Schneckenhaus hinein.

168

Spielvorschlag:
Ein Kind ist in der Kreismitte und ruft sich ein Kind in den Kreis hinein. Die Kinder in der Kreismitte wickeln sich zum Schneckenhaus ein. Sind alle Kinder im Schneckenhaus, so wickeln wir es wieder ab, indem wir *singen:* Komm, wir wollen Schnecke rollen, Schnecke rollen wollen wir. Der Spielleiter faßt das letzte Kind im Schneckenhäuschen an, und wir singen so lange das Lied, bis das ganze Häuschen abgewickelt ist und wir eine lange Schlange bilden.

Schnecke aus Eierkarton

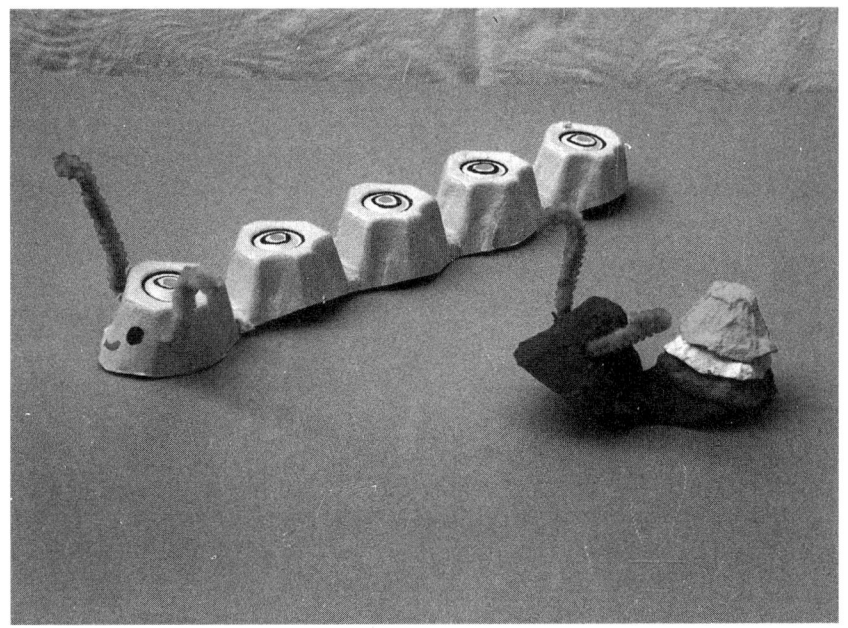

Material: Eierkarton, Fingerfarben, Borstenpinsel, Pfeifenputzer, Klebe

2 Abteilungen des Eierkartons bunt anmalen, 3 weitere Ständer in verschiedenen Farben antuschen und als Häuschen nach dem Trocknen übereinanderkleben. Vorne als Fühler Pfeifenputzer durchziehen.

Raupe aus Eierkarton

Material: 1 Rippe Eierkarton mit 5 Abteilungen, Fingerfarben, Borstenpinsel oder Farbstifte, Pfeifenputzer

Wir malen die Rippe des Eierkartons mit Fingerfarben oder mit Farbstiften bunt an und ziehen am Kopf Fühler aus Pfeifenputzer durch.

Schmetterling aus Eierkarton

Material: 2 Rippen eines Eierkartons, Fingerfarben oder Buntstifte, Borstenpinsel, Pfeifenputzerdraht, Schere

Wir bemalen die 2 Rippen unseres Eierkartons und befestigen in der Mitte den Pfeifenputzerdraht als Fühler.

Die dicke Raupe – Nimmersatt

Die dicke Raupe – Nimmersatt,
am Montag frißt sie Blattsalat,
am Dienstag nimmt sie nur Spinat,
am Mittwoch sie auf Erdbeeren steht,
am Donnerstag sie zu Knospen geht,
am Freitag nascht sie noch ein Blatt,
am Samstag ist sie endlich satt.
Am Sonntag geht sie in ihr Haus,
sie schläft sich tüchtig aus
und kommt als Schmetterling heraus. Text: Magrit Evers

Spielvorschlag:
Daumen, Zeigefinger, Mittelfinger, Ringfinger, kleiner Finger, kleiner Finger, gähnen, Faust, schnarchen, mit den Händen Flugbewegungen machen.

Dieses Spiel können wir auch optisch mit unserer gebastelten Raupe und dem Schmetterling aus Eierkarton darstellen.
  Den Schmetterling verstecken wir unter einem Tuch, unsere Raupe lassen wir an den Kindern (Hände, Arme, Beine usw.) knabbern und sprechen dabei unseren Vers. Am Sonntag kriecht sie unter das Tuch (schlafen und schnarchen), und dann kommt der Schmetterling zum Vorschein.

Raupe aus Kreisen

Material: Zeichenpapier, farbiges Buntpapier, Wachsstifte, Klebe

Wir schneiden uns 5 bis 6 verschiedenfarbige Kreise zu, diese werden so auf das Zeichenpapier geklebt, daß sie sich etwas überschneiden. Dann malen wir mit den Wachsstiften das Gesicht, die Fühler und die Füße und mit einem grünen Wachsstift Strich für Strich das Gras.

Schmetterling, getuscht – Klecksografie

Material: Zeichenpapier, Fingerfarbe und Pinsel

Zeichenpapier zur Hälfte falten, wieder aufklappen und eine Hälfte dick mit Fingerfarben bemalen, die andere Hälfte nun darüberdrükken, aufklappen, und der Überraschungsschmetterling ist da. Man kann jetzt noch die Fühler und den Körper hineinmalen.

Eric Carle
Die kleine Raupe Nimmersatt
Gerstenberg Verlag

IV. Wir spielen und gestalten Lieder und Märchen

Anlässe zum Feiern gibt es viele, sei es zu Ostern, Weihnachten, zum Fasching, zur Laternenzeit, ein Abschiedsfest (beim Wechsel in eine andere Gruppe), oder wir laden die Eltern zu einem Sommerfest ein. Für die Kinder sind die Feste ein kleiner Höhepunkt im Jahresablauf, da sie dann mit den Eltern gemeinsam basteln, singen, tanzen, spielen und in fröhlicher Runde am festlich gedeckten Tisch sich stärken können.

Mit einem Hut, einem Marienkäfer oder einer Blume geschmückt, schlüpfen sie in die vorgegebene Rolle und lassen ihrer Phantasie freien Lauf. Noch lange Zeit nach dem Fest wiederholen die Kinder die Lieder und stellen die Handlungen dar.

1. Einladung zum Froschkonzert

Das Froschkonzert eignet sich hervorragend zu einer Geburtstagsfeier oder einem Sommerfest. Schön ist es, wenn uns eine Rasenfläche zur Verfügung steht. Reifen oder Springseile, zum Kreis gelegt, sind unser See, an heißen Tagen können wir auch ein Planschbecken aufstellen. Zwei Seile parallelgelegt können ein Graben sein, über den die Frösche springen, bei größeren Kindern heben zwei Erwachsene die Seile an. Stühle, Kisten und Bänke laden zum Krabbeln, Springen und Klettern der Fische und Frösche ein. Vielleicht wollen auch die Frösche die Fische fangen oder umgekehrt, es gibt viele Spielmöglichkeiten, z. B. dürfen die größeren Kinder nicht gefangen werden, wenn sie im See (Kreis) sitzen usw.

Haben wir uns genug ausgetobt, ist eine Ruhepause nötig, so können wir uns beim Malen und Basteln erholen. Wie wäre es mit einem Froschspiel?

173

Das Froschspiel

Je nach Anzahl der Gäste werden Frösche und Fische gebastelt.
Die Frösche sind mit einer Wäscheklammer versehen, wenn man diese zusammendrückt, springen sie.
Wir haben den Fußboden oder einen großen Tisch mit Fischen ausgelegt. Nun lassen wir unsere Frösche springen, springt ein Frosch auf einen Fisch, bekommt derjenige, der ihn hat springen lassen, einen kleinen Preis.

Mit einem Lied (siehe: Heut' ist ein Fest), einer Froschgeschichte oder einem Bilderbuch lassen wir den Tag ausklingen.

Der Frosch

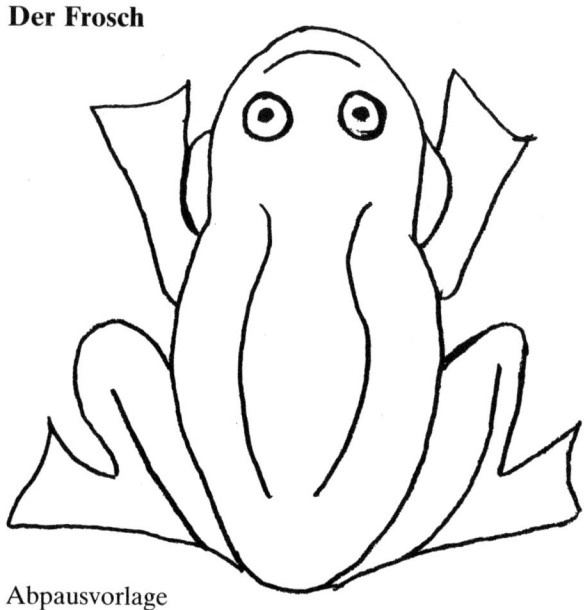

Abpausvorlage

Material: grünes Tonpapier, Verstärkungsringe, schwarzer Filzstift, Schere, Klebe, Wäscheklammer

Wir übertragen den Frosch auf grünes Tonpapier, schneiden ihn aus (Anzahl nach Mitspielern). Die Augen kennzeichnen wir mit 2 Verstärkungsringen. Den Frosch kleben wir auf eine Wäscheklammer, so daß sie sich unten am Körper zusammendrücken läßt.

174

Die Fische haben die Größe eines DIN-A4-Blattes, wir können sie anmalen oder mit Papierschnipseln als Schuppen bekleben und anschließend ausschneiden.

Will man das Froschspiel mit vielen Kindern auf einem Fest durchführen, ist es ratsam, je nach Anzahl der Kinder den Frosch vorher anzufertigen. Besonders die kleineren Kinder sind mit dem Anmalen oder Bekleben des Fisches voll ausgelastet.

Das Froschkonzert

An einem warmen Sommerabend hörte man es schon von weitem: „Quak, quak, quak, quak!" Ein Frosch sagte es dem anderen: „Du, heute feiern wir ein Fest. Quak, quak, kommt alle heute abend zum See."

Sie kamen alle angehüpft, der Laubfrosch, der Wasserfrosch, der Springfrosch, der See- und der Grasfrosch.

Ja, und dann sangen sie laut und schön, daß es weit über die Wiesen schallte: „Quak, quak, quak, quak, quak!" (singen)

Doch den Fischen war es zu laut, sie sprangen bis an die Wasseroberfläche und schimpften fürchterlich: „Wollt ihr nicht endlich Ruhe geben! Bei diesem Krach kann ja kein Fisch schlafen."

„Quak, quak, quak, wir feiern heute ein Fest", antworteten die Frösche, „feiert doch mit. Wir singen, und ihr tanzt dazu."

Das ließen sich die Fische nicht zweimal sagen. Tanzen, das war etwas, was ihnen Freude machte. Von nah und fern kamen sie geschwommen, drehten sich im Kreise, sprangen hoch und tauchten tief unter, das Wasser sprudelte und spritzte hoch in die Luft. So hoch! (Fontäne nachmachen) Hei, das war ein Spaß!

Bis zum frühen Morgen dauerte das Fest, die Frösche und Fische wurden vom Singen, Springen und Tanzen so müde, sie mußten sich erst einmal ausruhen. Vereinzelt hörte man noch: „Q-u-a-k, q-u-a-k, q-u-a-k", doch dann war es mucksmäuschenstill. Psst, hörst du noch etwas?

Heut ist ein Fest   (mündlich überliefert)

Heut ist ein Fest bei den Frö- schen am See.

Ball und Kon- zert und ein gro- ßes Di- ne!

Quak, quak, quak, quak, quak, quak, quak, quak.

Heut' ist ein Fest bei den Fröschen am See. Ball und Konzert und ein großes Diner! Quak, quak, quak, quak, quak, quak, quak, quak.

Die kleineren Kinder singen nur quak, quak, quak zur Melodie.

Das Lied können mit dem Frosch aus dem Pappkreis in der einen Hand und Rasseln, Schütteln oder Schellen in der anderen Hand begleiten.

Heut' ist ein Fest bei den Fröschen am See...

Frosch aus einem Pappkreis

Material: 1 Kreis aus Pappe, in gleicher Größe ein roter und ein grüner Kreis, zwei Augen, Klebe

Wir bekleben den Pappkreis von der einen Seite mit dem grünen Kreis, von der anderen Seite mit dem roten, falten den Kreis einmal zur Mitte, so daß der rote Kreis nach innen kommt, und kleben an die Bruchkante die Augen auf. Der Frosch ist ein lustiges Spielzeug, denn er kann sein Maul bewegen.

Frosch aus zwei Steinen

Material: 2 Steine unterschiedlicher Größe, Fingerfarbe in Grün, Rot, Weiß und Schwarz, Klebe, Lack, Pinsel

Wir malen die beiden Steine kräftig grün an, lassen die Farbe trocknen und malen dann auf den kleineren Stein den Mund und die Augen. Dann kleben wir den Kopf an den Körper und lackieren zum Schluß unseren Frosch.

Leo Lionni
Das gehört mir
Verlag Middelhauve

2. Marienkäfer und Biene (Aktionsgeschichte)

An einem warmen, sonnigen Tag (mit beiden Händen einen Kreis beschreiben) fliegt ein Marienkäfer (Flugbewegungen machen) zu einer weißen Margerite und sucht nach Läusen. Mh, die schmecken lecker! (schlecken und schmatzen) Gesättigt und schläfrig reckt der Käfer seine Glieder (recken und strecken).

Da, eine Biene kommt geflogen (summ, summ, summ) und läßt sich auch auf der Margerite nieder. Mißmutig über den Störenfried, der ihn beim Einschlafen stört, sagt der Marienkäfer: „Kannst du dir keine andere Blume aussuchen, hier bin ich. Ich war zuerst hier, du hast mich beim Einschlafen gestört."

„Das tut mir aber leid", summt die Biene (ssss, ssss), „aber ich habe es eilig, denn ich muß Nektar sammeln, damit ich den Menschen Honig geben kann. Ich bin ein ganz nützliches Tier. Die Menschen mögen mich wegen des Honigs alle so gerne (ssss, ssss)", antwortet die Biene und sucht schon wieder nach Nektar (schlecken).

„Pah, nützlich! Mich mögen die Menschen viel lieber, denn ich bin ein Glückskäfer. Ich bringe den Menschen Glück!" prahlt der Marienkäfer und pumpt die Flügel auf (Flugbewegungen machen).

„Summ, summ, summ", entgegnet die Biene, „dann können wir doch Freunde werden. Wir tun beide den Menschen etwas zur Freude."

„Ja, wenn du es so siehst, dann bleibe doch noch ein Weilchen hier", schlägt der Marienkäfer vor, der sieht, daß die Biene schon wieder startbereit ist, um zur nächsten Blume zu fliegen.

„Morgen besuche ich dich wieder. Jetzt habe ich zu arbeiten. Tschüs, bis morgen, du Glückskäfer", ruft die Biene und fliegt davon (summen und fliegen).

Im Anschluß an diese Geschichte singen wir das Lied:
(Text: Heinrich Hoffmann von Fallersleben)

Summ, summ, summ!
Bienchen, summ herum!
Ei, wir tun dir nichts zuleide,
Flieg nur aus in Wald und Heide!
Summ, summ, summ!
Bienchen, summ herum!

Summ, summ, summ!
Bienchen, summ herum!
Such in Blumen, such in Blümchen
Dir ein Tröpfchen, dir ein Krümchen!
Summ, summ, summ!
Bienchen, summ herum!

Summ, summ, summ!
Bienchen, summ herum!
Kehre heim mit reicher Habe,
Bau uns manche volle Wabe!
Summ, summ, summ!
Bienchen, summ herum!

Mehrere Stühle, Hocker und Kartons werden im Raum aufgestellt, während wir das Lied singen, fliegen, hüpfen und kriechen die Kinder als Bienen um diese Hindernisse.
Nach dem Bewegungsspiel lassen wir mit dem Malen etwas Ruhe einkehren.

Biene im Flug

Material: DIN-A3-Zeichenpapier, Bleistift, Wachsmalstifte

Wir zeichnen in die Mitte unseres Blattes eine Biene und lassen sie fliegen, indem wir mit verschiedenfarbigen Wachsmalstiften von der Mitte aus Kreise malen, die sich auch überschneiden können. Die kleineren Kinder malen Krakeleien, Schlängellinien und Spiralen, Kreise können sie erst ab ca. 3 Jahren malen. Durch diese Hin- und Herbewegung wird die Feinmotorik geübt. Während des Malens singen wir nochmals:
Summ, summ, summ ... oder
Und rund herum, und rund herum
und rund herum, herum.

Erst kommt der Sonnenkäferpapa (mündlich überliefert)

Erst kommt der Son- nen- kä- fer- pa- pa, dann kommt die Son- nen- kä- fer- ma- ma. Und

179

hin- ter drein so klit- ze- klein die Son- nen- kä- fer-

kin- der- lein, und hin- ter- drein so klit- ze klein die

Son- nen- kä- fer- kin- der- lein.

Ein Kind ist der Sonnenkäferpapa, ein anderes die Mama, und alle anderen Kinder laufen hinterdrein. Sie fliegen (Flugbewegung mit den Armen machen) oder kriechen, krabbeln, hüpfen oder tanzen um Hindernisse herum (Stühle, Tische, Bänke, Kartons oder Reifen).

Besonders festlich wird das Spiel, wenn wir uns einen Marienkäfer anstecken (siehe Marienkäfer zum Klammern).

Marienkäfer zum Klammern

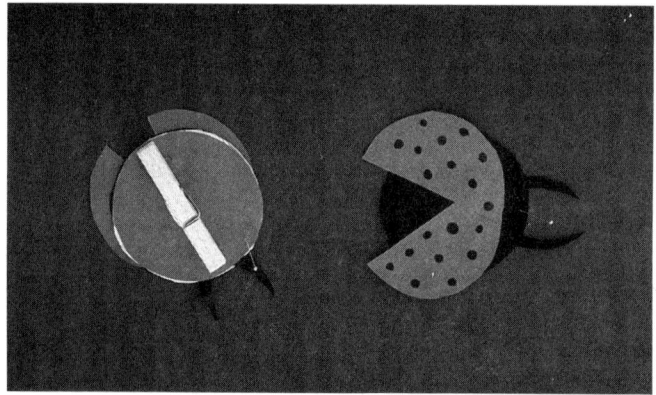

Material: runder Bierdeckel oder Kreis aus Pappe, 2 rote Kreise und ein schwarzer Kreis in der Größe des Bierdeckels, Fühler aus den

Resten des schwarzen Tonpapieres, Filzstifte, Schere, Klebe, Wäscheklammer aus Holz

Wir bekleben unseren Bierdeckel oder unseren Pappkreis von unten mit einem roten Kreis aus Tonpapier und von oben mit einem schwarzen. Den zweiten roten Kreis halbieren wir und kleben ihn als Flügel auf die schwarze Seite unseres Kreises. Dann kleben wir an den Kopf die Fühler und die Holzklammer in die Mitte der Rückseite so, daß die Klammern sich unten an den Flügeln zusammendrücken lassen. Zum Schluß bemalen wir die Flügel mit schwarzen Punkten.

Dieser kleine Glückskäfer kann den Eltern auf dem Schreibtisch als Denkstütze für Merkzettel dienen, als Tischdekoration bei einer Geburtstagsfeier mit einem Bonbon oder Luftballon in der Klammer, oder wir nehmen ihn für das Sonnenkäferlied zum Tanzen und Spielen.

3. Heinzelmännchen tanzen um das Feuer

Immer wenn es Herbst wird, freuen sich die Heinzelmännchen ganz besonders, denn dann kommt die dunkle Jahreszeit, sie sitzen in ihren Höhlen dicht beieinander und unterhalten sich beim Kerzenschein. Im Frühjahr und Sommer haben sie den Menschen im Haus und Garten geholfen, doch jetzt wird es kalt, sie müssen sich wärmen und wollen sich ausruhen von der harten Arbeit. Da gibt es viel zu berichten, und einer weiß noch mehr als der andere zu erzählen, was ist das für ein Geplapper in der Höhle, das hört sich etwa so an:

„Weißt du noch, wie wir bei Frau Maier waren und in der Küche putzten und schabten, rupften und zupften, hüpften und trabten, und eh' sie erwachte, war das Tagewerk bereits gemacht! Was hatte sie für große Augen gemacht, sie legte sich gleich wieder schlafen."

Ein anderes Heinzelmännchen wußte vom Bäckermeister Krause zu erzählen: „Er schnarchte sogar noch, als das neue Brot schon fertig aus dem Ofen kam.

Wir mußten kneten und wiegen und heben und schieben, fegen, bakken, klopfen und hacken."

„Und wie war es beim Bäckermeister Schmidt?" fragte ein kleines Heinzelmännchen.

„Wir mengten und mischten, stopften und wischten. Schärften die Messer, hackten mit Beilen, spülten und wühlten, und tat der Meister die Augen auf, hing die Wurst schon im Ausverkauf."

Ja, so unterhalten sich die Heinzelmännchen im Winter, doch bevor sie sich in ihren Höhlen verkriechen, feiern sie noch ein Fest. Dazu tragen sie die Gartenabfälle, Äste, Zweige und Hölzer zusammen, zünden sie an und springen ums Feuer. Juchhu, das ist eine Freude, sie singen, hüpfen und tanzen bis zum frühen Morgen. Erschöpft kriechen sie in ihre Höhlen und schlafen glücklich ein.

Mal- und Bastelvorschlag:
Bild: Heinzelmännchen tanzen um das Feuer

Material: Zeichenpapier, rote, gelbe, orange Fingerfarben, Borstenpinsel, schwarzes Tonpapier für 2 Heinzelmännchen, Klebe

Wir bemalen unser Bild mit den drei Fingerfarben und kleben nach dem Trocknen unsere Heinzelmännchen in die „Flammen" hinein.
Heinzelmännchen-Vorlage siehe Laternen: *Heinzelmännchen-Laterne.*

Das Heinzelmännchen-Spiel

Trab, trab, trab, trab,
kommen Heinzelmännchen in der Nacht.
Sie schwärmen und lärmen,
sie klopfen und hämmern,
sie klappern und plappern,
sie hüpfen und springen,
sie tanzen und singen,
sie fegen und sägen,
sie bauen und schauen,
und eh man erwacht,
ist das Tagewerk vollbracht.
Kein Mensch hat sie je gesehn,
sie sind vorsichtig, du mußt verstehn.

Sie hören jeden Schall (Gong oder Glocke),
und husch, husch, husch – verschwinden all'!

Text: Magrit Evers

Vom Spielleiter gesprochen: Heinzelmännchen kommt geschwind, ein neues Spiel beginnt.

Spielvorschlag: Nachdem wir den Vers mehrere Male vorgesprochen haben, wollen wir mit den Kindern Heinzelmännchen spielen. Der Raum ist mit den unterschiedlichsten Werkzeugen ausgestattet. Besen, Handfeger und Schaufel, Nudelholz, Kochtopf und Holzlöffel, Holzhammer, Kindersäge, Holz und Bausteinen.
   Vielleicht fällt Ihnen noch mehr ein. Die Kinder können nach Herzenslust arbeiten, bemerkt die Spielleitung, daß die Freude am Arbeiten und Werken nachläßt, läutet sie mit einem Glöckchen, und die Kinder lassen alles stehen und liegen, um sich zu verstecken. Die Spielleiterin ruft sie mit dem gesprochenen Vers wieder herbei, und die Kinder suchen sich ein neues Werkzeug aus.
   Dieses Spiel ist bei den Kleinen besonders beliebt, da es ihrem Arbeits- und Bewegungsdrang, verkleidet in ein Rollenspiel, besonders nachkommt.

Es tanzt ein kleiner Heinzelmann

Es tanzt ein kleiner Heinzelmann
in unserm Haus herum, dideldum.
Es tanzt ein kleiner Heinzelmann
in unserm Haus herum.
Er rüttelt sich und schüttelt sich,
er wirft die Beine hinter sich.
Es tanzt ein kleiner Heinzelmann
in unserm Haus herum.

Melodie: Es tanzt ein Bi-Ba-Butzemann

Spielform: Wir stellen uns zum Kreis auf und führen die Bewegungen aus. Bei festlichen Anlässen geben wir den kleinen Heinzelmännchen noch einen Hut auf (siehe Papierhut).

Der Papierhut für das Heinzelmännchen

Man kann ihn zum Spiel oder zum Scherz bei allerlei kleinen Festen tragen. Für Kinderköpfe nimmt man am besten eine doppelte Zeitungsseite, an der geschlossenen Kante knickt man die Mitte ein klein wenig an. Dann bricht man entweder beide Ecken nach vorn oder eine nach vorn und eine nach hinten. Die unteren, vorstehenden Ränder werden nach jeder Seite aufgeschlagen. Die überstehenden Ecken werden umgebrochen und ineinandergeschoben oder angeklebt. Als besonderen Schmuck kann man den Hut mit bunten Papierschnipseln bekleben oder auf eine Seite ein paar Federn oder Papierstreifen hineinstecken oder hineinkleben.

Besonders lustig sind solche Hütchen in kleinerer Form für die Puppen oder als Scherzhüte auch für erwachsene „Kinder". Sie werden dann mit einer Haarklemme festgesteckt oder mit einem Stückchen Gummiband am Hinterkopf festgehalten.

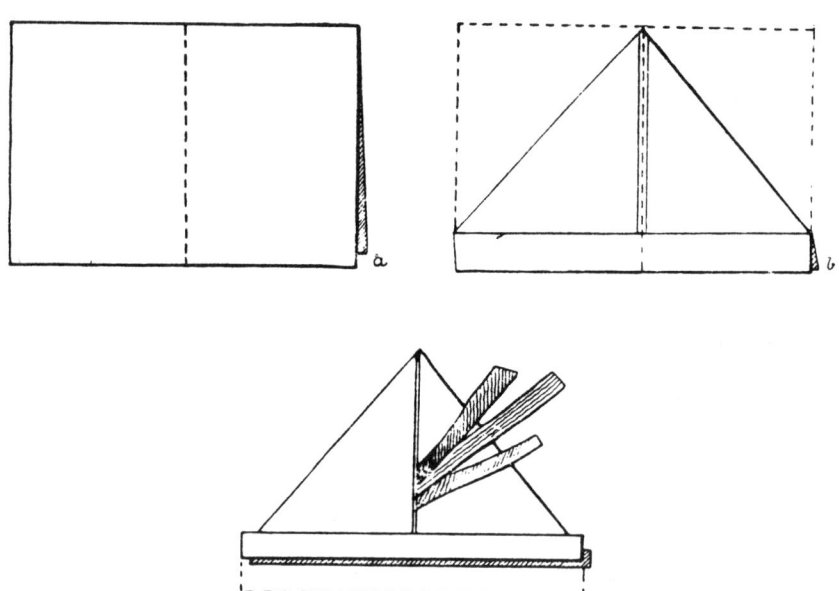

4. Hänsel und Gretel

Wir erzählen den Kindern mehrfach das Märchen von Hänsel und Gretel, eventuell zeigen wir ihnen auch Bilder dazu. Anschließend singen wir das Lied von Hänsel und Gretel und stellen es pantomimisch dar.

(mündlich überliefert)

Hänsel und Gretel verliefen sich im Wald.
Es war so finster und auch so bitterkalt.
Sie kamen an ein Häuschen von Pfefferkuchen fein:
Wer mag der Herr wohl von diesem Häuschen sein?

Hu, hu, da schaut eine alte Hexe raus!
Lockt die Kinder ins Pfefferkuchenhaus.
Sie stellte sich gar freundlich, o Hänsel, welche Not!
Ihn will sie braten im Ofen braun wie Brot.

Doch als die Hexe zum Ofen schaut hinein,
ward sie gestoßen von Hans und Gretelein.
Die Hexe mußte braten, die Kinder gehn nach Haus.
Nun ist das Märchen von Hans und Gretel aus.

Durchführung des Spiels:

Material: 1 Schürze für Gretel, 1 Schirmmütze für Hänsel, 1 Kopftuch
für die Hexe, 1 Reifen, mit rotem Kreppapier umwickelt als Backofen,
2 Kinder bilden das Hexenhaus, indem sie sich gegenüberstehen und
die gefaßten Hände schräg hochstellen, 2 Kinder halten den Backofen,
die übrigen Kinder bilden den Wald, indem sie ca. 50 cm große Tannenbäume, aus Pappe zugeschnitten und grün angemalt, halten

1. Strophe: Hänsel und Gretel gehen durch den Wald, sie knuspern
am Häuschen.

2. Strophe: Die Hexe lockt die Kinder ins Haus.

3. Strophe: Die Hexe wird von den Kindern in den Backofen gestoßen, Hänsel und Gretel tanzen, die anderen Kinder
klatschen.

5. Dornröschen

Nachdem wir das Märchen von Dornröschen erzählt haben, stellen wir
das Lied mimisch dar.

(mündlich überliefert)

Dorn- rös- chen war ein schö- nes Kind,

schö- nes Kind, schö- nes Kind, Dorn- rös- chen war ein

schö- nes Kind, schö- nes Kind.

1. Dornröschen war ein schönes Kind ...
2. Dornröschen nimm dich ja in acht ...
3. Da kam die böse Fee herein ...
4. Dornröschen du sollst sterben ...
5. Da kam die gute Fee herein ...
6. Dornröschen schlafe 100 Jahr' ...
7. Da wuchs die Hecke riesengroß ...
8. Da kam ein junger Königssohn ...
9. Dornröschen wache wieder auf ...
10. Da feierten sie das Hochzeitsfest ...

Material: 1 Krone für Dornröschen und den Königssohn, je 1 Schleier für die Feen, Papierblumen für die Hecke, für jedes Kind eine (siehe Arbeitsanleitungen).

Das Spiel:
In der Mitte des Kreises (der Hecke) sitzt Dornröschen. Außerhalb stehen die Feen und der Königssohn.

1. Strophe:	Der Kreis bewegt sich.
2. Strophe:	Die Kinder im Kreis heben den Zeigefinger.
3.–6. Strophe:	Die Feen treten zu Dornröschen und schläfern sie im Einzelgesang ein.
7. Strophe:	Die Kinder im Kreis heben die gefaßten Hände hoch.
8. Strophe:	Der Königssohn durchbricht den Kreis.
9. Strophe:	Dornröschen reicht dem Königssohn die Hände.
10. Strophe:	Die Kinder im Kreis klatschen, und Dornröschen und der Königssohn tanzen.

Herstellung der Blume (für jedes Kind eine)

Material: buntes Kreppapier, Klebefilm, Lineal, Bleistift, Schere

Zuerst wird die Blütenmitte aus Kreppapier geschnitten, eng zusammengerollt und mit Klebefilm befestigt (Zeichnung 1–2).

Für die Blütenblätter faltet man ein Stück Kreppapier 3mal übereinander und beschneidet es (Zeichnung 3–6).

Nach dem Auffalten kräuselt man den Streifen um die Blütenmitte und umwickelt den unteren Teil fest mit Klebefilm (Zeichnung 7–8).

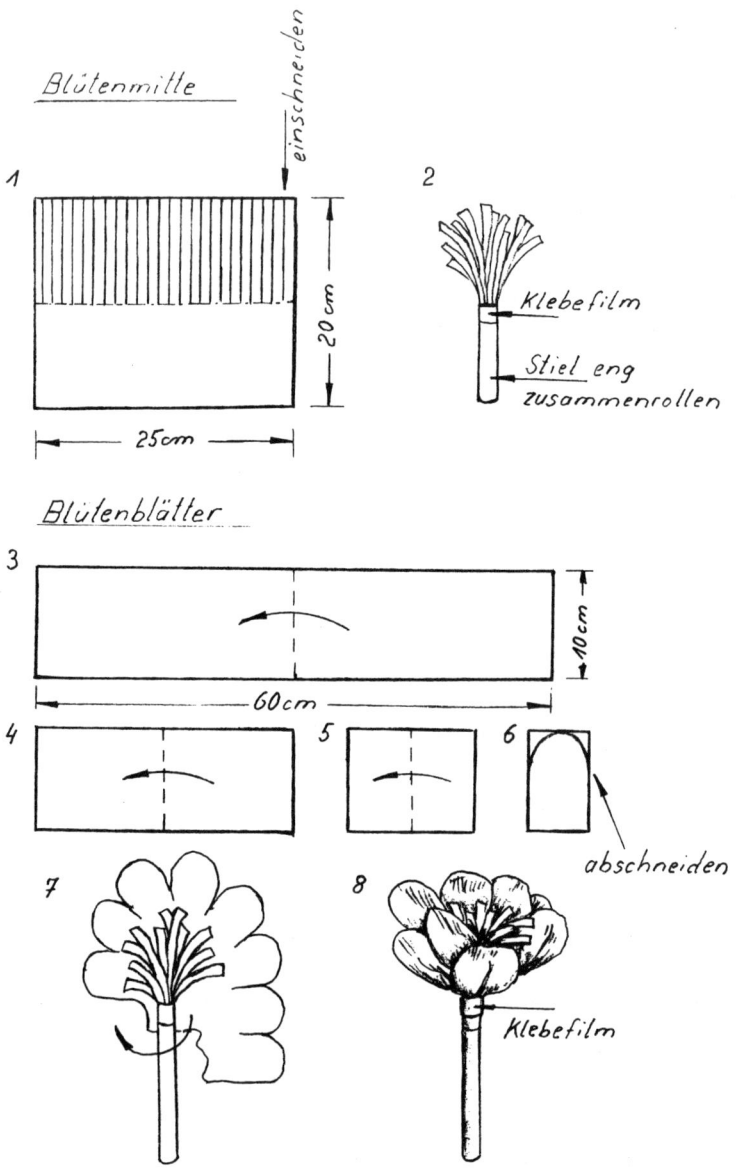

Blütenmitte

einschneiden

1

20 cm

25 cm

2

Klebefilm

Stiel eng zusammenrollen

Blütenblätter

3

10 cm

60 cm

4

5

6

abschneiden

7

8

Klebefilm

Herstellung der Krone (für den Königssohn)

Material: gelbes Kartonpapier oder Fotokarton, mit Goldpapier beklebt, Schere, Bürohefter

Wir schneiden uns aus dem Kartonpapier einen 56 cm langen und 15 cm breiten Streifen zu, schneiden 9 cm tiefe Zacken hinein und heften ihn mit einem Bürohefter zusammen.

6. Der Wolf und die sieben Geißlein

Es spielen mit: 7 Geißlein
1 Geiß
1 Wolf
1 Kaufmann
1 Bäcker
1 Müller

Material: 7 weiße Schwänze für die Geißlein aus weißem Kreppapier, 1 großer, weißer Schwanz, eine Schürze und ein Korb für die Geiß, 1 brauner Schwanz und braune Ohren aus Kreppapier für den Wolf, 1 Schirmmütze und ein Stückchen Kreide für den Kaufmann, 1 weiße Mütze aus Kreppapier und ein Tuch (Kuchenteig) für den Bäcker, 1 rote Mütze aus Kreppapier und ein großer Salzstreuer (Mehl) für den Müller, 3 Reifen, aufeinandergelegt als Brunnen, 1 großer Wecker für den Uhrenkasten, Schere, Nadel und Faden, 1 Wolldecke (Garten)

Gestaltung des Raumes: Die Wohnung besteht aus einem Tisch mit sieben Stühlen, einem Stuhl, auf dem die Uhr steht (Uhrenkasten), einem Stuhl als Fenster, einem Stuhl als Tür.
    Kaufmann, Bäcker und Müller sitzen in einiger Entfernung auf je einem Stuhl, eventuell steht ein Tisch davor als Verkaufsstand.
    Die drei Reifen, aufeinandergelegt, liegen in der Mitte des Raumes als Brunnen, etwas entfernt davon liegt die Wolldecke, auf der der Wolf im Garten schläft.

Spielverlauf: Das Märchen wird den Kindern des öfteren erzählt und Bilder dazu gezeigt. Anschließend lassen wir uns an Hand der Bilder das Märchen von den Kindern erzählen.

Nach einiger Zeit wollen wir das Märchen spielen. Kinder zwischen 3 und 4 Jahren scheuen sich häufig vor dem freien Sprechen im Rollenspiel, wir können dies umgehen, indem der Spielleiter das Märchen erzählt und von den Kindern, die nicht sprechen wollen, nur die Handlung ausführen läßt.

Zum Schluß des Märchens, wenn der Wolf in den Brunnen gefallen ist, bilden alle Geißlein und die Geiß einen Kreis um den Brunnen und singen:

Der Wolf ist tot

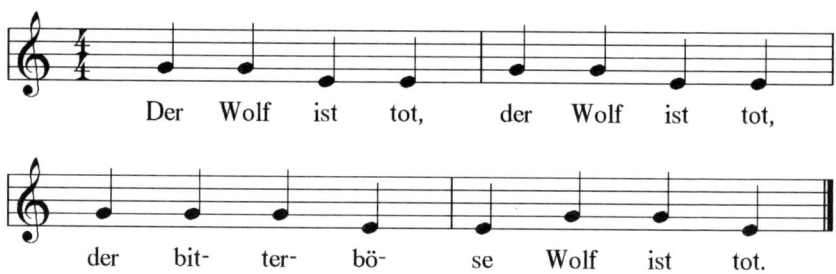

Herstellung der Ohren

Material: Pappe, braunes Kreppapier, Klebe, Schere, Bürohefter

Ein 56 cm langer Pappstreifen wird mit braunem Kreppapier beklebt und zusammengeheftet. Zwei große Pappohren zuschneiden, mit Kreppapier bekleben und vorne an den Ring mit dem Bürohefter anheften.

Herstellung der Mützen für den Bäcker und den Müller

Material: rotes und weißes Kreppapier, Pappe, Klebe, Schere, Bürohefter, Band

An einen 56 cm langen Pappstreifen kleben wir einen 56 cm langen und 40 cm breiten Streifen rotes oder weißes Kreppapier. Dann heften wir den Pappstreifen zusammen und binden die Mütze oben mit einem kleinen Band zu.

Literaturverzeichnis

Austermann, M./Wohlleben, G.: Die pfiffige Murmelbahn. München 1992
Baruff. U. u. a.: Das große farbige Bastelbuch für Kinder. Niedernhausen/Ts. 1986/87
Brandt, P./Thiesen, P.: Umwelt spielend entdecken. Ein Arbeitsbuch für Kindergarten, Hort und Grundschule. Weinheim ²1992
Büttner, G.: Basteln macht Freude. Frankfurt a. M. 1988
Calve, P. L.: Ich zeig Euch 200 neue Spiele. München o. J.
Diekneite, C. u. a.: Spielen, mitspielen, miteinander spielen. Kiel 1989
Dolto, F.: Die ersten fünf Jahre – Alltagsprobleme mit Kindern. Weinheim ⁶1989
Kohnstamm, R.: Praktische Kinderpsychologie. Die ersten 7 Jahre. Bern/Stuttgart 1990
Krempien, C. (Hrsg. P. Thiesen): 50 Bildnerische Techniken. Ein Arbeitsbuch für Kindergarten, Hort und Grundschule. Weinheim ²1993
Rockel, L.: Das Liedernest. Boppard/Rhein 1971
Thiesen, P.: Arbeitsbuch Spiel für Kindergarten, Hort, Heim und Kindergruppe. München/Köln ⁷1993
Thiesen, P.: Kreatives Spiel mit Kindern, Jugendlichen und Erwachsenen. München/Köln ⁴1993
Thiesen, P.: Die gezielte Beschäftigung im Kindergarten. Freiburg ⁷1993
Thiesen, P.: Schönwetterspiele im Kindergarten. Praxis des Spiels im Freien mit 3- bis 6jährigen. Freiburg ²1990
Thiesen, P.: Drauflosspieltheater. Ein Spiel- und Ideenbuch für Kindergruppen, Hort, Schule, Jugendarbeit und Erwachsenenbildung – mit über 350 Spielanregungen. Weinheim ³1993
Thiesen, P.: Konzentrationsspiele für Kindergarten und Hort. Lebendige Förderung ohne Dressur und Streß. Freiburg ²1993
Thiesen, P.: Das Montagsbuch. Ein Arbeitsbuch zur Überwindung des „Montagssyndroms" in Kindergarten, Hort und Grundschule. Weinheim ²1993
Thiesen, P.: Klassische Kinderspiele. Neu entdeckt für Kindergarten, Hort, Grundschule und Familie. Weinheim 1993
Winnikot, D. W.: Reifungsprozesse und fördernde Umwelt. Frankfurt a. M. 1984
Zulliger, H.: Heilende Kräfte im kindlichen Spiel. Frankfurt a. M. 1972 ff.

Quellennachweis

Guggenmos, J.: Die Nadel sagt zum Luftballon ... In Gelberg, H.-J.: Die Stadt der Kinder. Georg Bitter Verlag. Recklinghausen 1969

Foltz, K.: Hörst du nicht den feinen Ton, Lied: Wozu sind uns're Hände da? Möseler Verlag. Wolfenbüttel o. J.

Ringelnatz, J.: Für kleine Wesen, Gedicht: Die Feder. Verlag J. F. Schreiber. Eßlingen o. J.

Unser Spiel- und Liederbuch: Alle Masken sind schon da. Hrsg.: Kreissparkasse Stade o. J.